ReiheR

Gudrun Kratz-Norbisrath

Gesichter des Reviers

Menschen aus dem Ruhrgebiet

Klartext

Impressum
1. Auflage November 1985
in der Reihe „R"
herausgegeben von Thomas Rother
Gestaltung: Klartext-Verlag, Essen
Druck: Fuldaer Verlagsanstalt, Fulda
© 1985 by Klartext-Verlag, Essen
Alle Rechte vorbehalten
ISBN 3-88474-315-5/ 16,-DM

Inhalt

Ich
sag' immer ‚wir' -
als ob die Firma mir gehört!

20 Jahre
bei Opel am Band

Der Krake schwebt lautlos über der Werkshalle. Eiserne Zangen senken sich, fassen die Karosse und heben sie aufs Band. Heben sich wieder, schweben sekundenlang am Gestell, senken sich über das nächste Autogerippe. Unermüdlich, fehlerlos. Der Roboter kennt keine unausgeschlafenen Nächte, keine Sehnsucht nach einer Zigarette, keinen Zoff mit dem Vorarbeiter. Eine Arbeitskraft ohne Fehl und Tadel.

Erich Achenbach steht seit viertel vor sechs am Band. Montag, ein scheußlicher Tag. Frühschicht, da macht ihm der erste Tag jedesmal zu schaffen; in 20 Jahren hat er sich nicht daran gewöhnt: „Das kann ich vergessen, an dem Sonntag brauch ich mich gar nicht vor zwölf ins Bett zu legen, da wälz ich mich doch nur rum." Wenn dann der Wecker klingelt, ist er wie gerädert: „Das ist grausam. Da quält man sich den ganzen Tag, echt."

Erich Achenbach arbeitet im Bochumer Opel-Werk. Er hat einen Job, mit dem er zufrieden ist; trotz der verrückten Arbeitszeit, die ihn zwingt, sein Familienleben jede zweite Woche aufs Telefonieren zu beschränken. Wenn er Mittagschicht hat und spät in der Nacht nach Hause kommt, liegt seine Frau längst im Bett; morgens, wenn er aufsteht, ist sie schon zur Arbeit. Aber daran haben sie sich gewöhnen müssen.

Achenbach ist Bauschlosser. Gelernt hat er in einem mittleren Betrieb, und mit 20 ging er zu Opel, weil die besser zahlten. Aber dann war sein erster Gedanke: Hier bleibst du höchstens zwei Monate!

Er war 19, und seine Begegnung mit dem Fließband war mörderisch. Das erste halbe Jahr, sagt er, war er für keinen ansprechbar. „Ich hab gedacht, das schaff ich nie! Ich kannte ja nur Arbeit, wo man gesagt hat, so, du willst was verdienen, also hauste rein. Biste fertig. haste deine Ruhe." Aber am Band lief ihm die Arbeit weg: „Ein Erfolgserlebnis hat man da nie."

Trotzdem blieb er, wo er war, 15 Jahre lang, lernte, mit dem Band zu leben. „Immer der Druck. Ein bestimmter Abstand - muß der Wagen

9

fertigsein. Man dreht sich um, geht mal eben weg. Und dann: Wo ist der Wagen? Es geht immer nur darum, daß man den Wagen nicht aus den Augen verliert. Oder man unterhält sich mal 'ne Minute länger als geplant - winkt der schon da vorne: Hier! Hier! So geht das acht Stunden lang." Manchmal, sagt er, wundert er sich, daß er das überhaupt durchgehalten hat. Achenbach ist nicht der Typ für sentimentale Wendungen. Wenn er sagt: „Der Mensch kann unheimlich viel ertragen", dann ist das nicht mehr als eine knappe Feststellung.

Im Reparaturbereich hat er es leichter. Auch hier gibt es ein Band, aber eins, dessen Rhythmus die Arbeiter selbst bestimmen: „Noch", sagt Achenbach skeptisch. „Aber das kann sich alles ändern." Er weiß Bescheid, was die Rationalisierung angeht. Er gerät nicht in Panik, aber er wiegt sich auch nicht in Sicherheit; er sagt: „Ich hab mir das angesehen, bei VW, was man da noch alles machen kann. Und seitdem weiß ich, wo die Glocken hängen. In den neunziger Jahren kann das auch bei uns so weit sein."

Erich Achenbach ist hellwach. „Über Arbeitslosigkeit, da könnte ich Ihnen ne Menge erzählen. Ich bin nicht son Mensch, der sagt, ich hab meinen Arbeitsplatz, und jetzt bin ich ruhig. Son Mensch bin ich nicht."

In die IG Metall ist er schon als Lehrling eingetreten. „Das kam eigentlich durch meinen Vater - obwohl der nie Aktiver war. Mein Vater war Bergmann, auf Constantin in Bochum. Und als Kind hab ich immer schon mitgekriegt, wenn auf der Zeche Theater war." Wenn der Gewerkschaftssekretär kam und die Beiträge kassierte, saß er dabei und hörte zu; diesen Eindruck hat er nie vergessen.

Bei Opel wurde er schnell Vertrauensmann. Kein Wunder, daß bei ihm die Gewerkschaftsthemen locker sitzen: Rationalisierung, Tarifverträge, 35-Stunden-Woche - das fasziniert ihn mehr als Fernsehen, sogar mehr als Fußball, und das will was heißen. Aber er spricht nicht wie ein Funktionär. Man merkt: Das ist ein Mann, der weiß, wovon er redet. Und der zu unterscheiden weiß.

Der „Krake" zum Beispiel - der Roboter, der die Karossen aufs Band transportiert, die begrüßt er: „Da kann ich keine Träne drum weinen, daß diese Arbeitsplätze verloren sind!" Er erklärt: Früher mußten die Wagen von Hand von den Bändern abgezogen und zehn, fünfzehn Meter weit geschoben werden, „so 600 am Tag - eine unheimlich schwere und monotone Arbeit."

Aufregen kann er sich, wenn es um die Umsetzung der 38-einhalb-Stunden-Woche geht. Viele Kollegen sind für Freischichten statt 18 Minuten täglicher Freizeit: „Ich versteh das ja - wenn einer ein Wochenendhäuschen hat oder ein Wohnmobil, daß der sagt, wenn ich den Montag frei hab oder den Freitag, mach ich langes

Wochenende. Alles gut und schön - aber was ist, wenn's dem Betrieb schlecht geht, und dann heißt es, jetzt nehmt erstmal eure Freischichten? Und das Schlimmste - wenn wir 1986 oder 87 wieder antreten um die Verkürzung der Wochenarbeitszeit; dann werden uns manche Leute auslachen und sagen, watt wollt ihr? Wollt ihr jetzt noch mehr Urlaub? So kann das in der Öffentlichkeit ankommen."

Wenn er von früher erzählt, kommt er in Fahrt: „1973, als wir praktisch das 13. Monatsgehalt durchgedrückt haben - das war mein stärkster Eindruck hier. Da haben die Leute die Sachen hingeschmissen, und die hätten ums Verrecken nicht wieder angefangen. Drei Tage lang, sone Kampfkraft!" Tja, sagt Achenbach, „die würd' ich mir heute manchmal wünschen. Aber wenn's ums Geld geht, sind die Leute eben immer eher dabei"; ein altes Gewerkschafts-Lied; er kann es auswendig singen.

Erich Achenbach ist ein Kämpfer, aber kein Eiferer. Ein ruhiger, besonnener Mann, den die Erfahrung kritisch gemacht hat. Unbeirrbar erzählt er, wie das früher mit den Sonderschichten lief: „Da hat man gesagt: Heute ziehen wir 320 Wagen pro Band; aber wenn ihr am Samstag kommt, dann macht ihr euch einen auf ruhig, dann ziehen wir nur 250. Und dann, was war? Im Gegenteil, eher noch mehr. So hat man die Leute verdummscheißert."

Soviel kühle Distanz - aber die Bindung an die Firma ist ganz ungebrochen. Er weiß es, und er kommt doch nicht ganz davon los. Todernst fängt er an: „Wir haben ja das Glück, daß wir jetzt das neue Modell rausgebracht haben - deshalb haben wir noch ne Chance am Markt." Dann stockt er und verzieht das Gesicht. „Ich sag immer ‚wir' - als ob die Firma mir gehört."

Seine Frau klagt schon mal: Du warst früher auch lustiger! „Dann sag ich: Das Leben ist nun mal hart. Und die Zeiten werden nicht besser."

Privatleben? Naja, sagt er. Samstags schläft er aus und nachmittags spielt er Fußball bei den Alten Herren in Rüttenscheid. Alle 14 Tage, wenn er abends zu Hause ist, gehen sie zu Freunden Canasta-Spielen - ein Vergnügen, das haarklein vorgeplant werden muß. Vielleicht macht er deshalb so gern Urlaub mit dem Fahrrad - einfach losfahren, ohne zu wissen, wohin: Das muß für jemanden, der mit so strengen Fesseln lebt, ein Genuß sein. Denn außerdem geht ja an den freien Vormittagen und Abenden viel Zeit für Versammlungen und ihre Vorbereitung drauf. Aber die Gewerkschaftsarbeit liegt ihm nun mal am Herzen, mehr als private Vergnügen; was will man da machen?

Und sie gibt ihm ja auch viel, trotz allem. Er ist kein Schwärmer, aber Resignation kennt er schon gar nicht. „Ist doch so", sagt er, „wer beim Kampf um die 35-Stunden-Woche gedacht hat, das wär auf einen Schlag zu haben, das war ein Phantast. Ich selber hab ja mit 37-einhalb gerechnet-" Und dann lacht er und sagt: „Ich bin Optimist. Muß man sein, ne."

Else? Elke?
Welche ist die Echte?

„Wenn einer über mich schreibt:
Ulknudel,
dann hör ich sofort auf.
Mach ich nie mehr Else Strathmann."

Wenn Frau Strathmann die lila Lack-Ballerinas anzieht, geht sie als
Elke Heidenreich. Dann macht sie sich einen großen rosa Plastik-
Klunker ins linke Ohr und erklärt mit dem gesunden Menschenver-
stand, der die Metzgersgattin aus Wanne-Eickel auszeichnet, warum
sie eine Intellektuelle ist, ob sie will oder nicht.
Else? Elke? Welche ist echt? Ich habe lange darüber nachgedacht,
nachdem die schmächtige Frau hinter mir hergewinkt hat; vor dem
Hotel in Stuttgart, wo sie wohnt, solange die Olympischen Spiele
dauern und sie sich die Nächte um die Ohren schlägt, um im ZDF-
Studio ihre respektlosen Sprüche loszulassen. Elke Heidenreich winkt,
und ich bin ein bißchen traurig. Warum bloß? Ich kenne die Frau doch
gar nicht, habe mich nur ein Weilchen mit ihr unterhalten. Wieso ist mir,
als müßte ich sagen: Wenn Sie mal wieder in Essen sind, kommen Sie
doch vorbei! Komisch, das.
Sie ist nicht strahlend und eigentlich noch nicht mal besonders verbindlich. Wenn man sie anlacht, lacht sie noch lange nicht zurück;
zurückhaltend ist sie und manchmal auch aggressiv, aber beides nur ein
bißchen, wie eine fremde Katze, die sich nicht so einfach locken läßt,
sondern erstmal beobachtet, wie man es denn meint. Das Bild, das ich
mir von ihr gemacht hatte, ist jedenfalls kaputt - wenn irgendjemand
kein Hans-Dampf-in-allen-Gassen ist, dann diese Frau, der das Image
von der Schnatter-Else so nachhaltig anhaftet, daß sie zum Schluß
selbst besorgt fragt: „Hoffentlich hab' ich nicht zu viel gequasselt?"
Nein, hat sie nicht. Sie quasselt überhaupt nicht, sie redet ernst und
engagiert und manchmal ein bißchen schnell, das ist alles.
Mit den lila Schuhen und dem Klunker im Ohr hat es sich dann
auch, was das Wilde angeht. Nachdenklich sieht sie aus, hat große ern-
ste Augen und einen weichen Mund, und die Zipfelhaare sind nicht
frech, die sind einfach so. „Hat die nicht nen tollen Zopf?" fragt sie
sehnsüchtig, als die Kellnerin vorbeigeht; dicke blonde Haare, die so
lang sind, daß sie sogar geflochten bis auf den Rücken hängen. „So

Haare wollte ich auch immer haben", sage ich verstehend. Da lacht sie, das bringt uns einander näher.

Natürlich sprechen wir über Frau Strathmann. „Das ist eine gepflegte kleine Dicke, mit Dauerwellen und so", beschreibt Elke Heidenreich. Aber sie täuscht weder sich noch mich. Else-Elke, das ist mehr als ein Gespann, Else ist Elke pur, ohne Filter: zack, raus mit der Meinung, ohne groß abzuwägen und nachzudenken, ob denn auch alles stimmt und wie es ankommt. „Mentalitätsmäßig ist das ein ganz großes Stück von mir", nickt sie, und ich denke: Vielleicht ist Else die Frau, die Elke geworden wäre, wenn sie nicht das Abitur gemacht hätte, wenn sie nicht in der Studentenbewegung politisch aufgewacht wäre, wenn sie nicht ihre Ehe hinter sich gelassen und diese unbändige Lust bekommen hätte, nochmal neu anzufangen.

Das Neuanfangen hat sie früh geübt. Als sie mit 15 von zu Hause wegging, weil sie da nicht mehr klarkam, konnte der Sprung nicht größer sein: Raus aus dem Ruhrgebiet, aus Essen; raus aus der kleinbürgerlichen, fast noch proletarischen Atmosphäre, wo der Vater eine Tankstelle betrieb und die Mutter Näharbeiten machte. Ein evangelischer Pfarrer nimmt sie als Pflegekind in sein Haus, das eine andere Welt bedeutet. Elke, die eigentlich die Schule satt hatte, macht hier das Abitur, und sie bekommt einen ganz neuen Dreh für ihr Leben: „Ich hab' da lauter gute Sachen gelernt - Souveränität im Denken; daß man keine Ängste hat vor Obrigkeiten; aber auch, daß man sich nicht benimmt wie ein Schwein. Und dabei nicht dauernd beten muß."

Sie studiert Germanistik, weil sie Journalistin werden will, Film- und Theaterkritiken schreiben: „Ich dachte - irgendwas Nettes, mit Kultur."

Aber dann kommt alles anders. Über der Doktorarbeit wird sie lungenkrank, und danach ist sie demoralisiert. „Schlapp, mager, lustlos. Da hab' ich gedacht, jetzt will ich gar nicht mehr studieren, will gar nicht intellektuell sein. Jetzt will ich einfach schnell heiraten."

Das Glück ist fragwürdig und kurz, drei Jahre hält es, dann hängt ihr das Ganze zum Hals raus. Es ist 1970, sie hat Rudi Dutschke gehört, hat sich sagen lassen, daß man gefälligst ein politisches Bewußtsein zu haben hat. Sie liest über Emanzipation, und das ist der Augenblick. „Alles Brave fiel jäh von einem ab,", sagt sie, „ es entstand ein Bewußtsein, das sich nicht vereinbaren ließ mit dieser Art zu leben. Ich wußte, ich will mit Sicherheit kein Kind, und ich will eigentlich auch keine Ehe." Sie geht. Examen spielen jetzt keine Rolle mehr. Sie will endlich schreiben.

Und sie schreibt. Bietet dem Rundfunk Texte an; die werden angenommen, und sie sitzt zu Hause und heult vor Glück, als sie das erstemal was von sich im Radio hört.

Elke Heidenreich arbeitet unablässig, nicht nur, weil sie als freie Autorin auf die Sicherheit eines festen Arbeitsplatzes verzichtet, sondern vor allem, weil es ihr Spaß macht. „Einen Tag, ohne irgendwas zu tun, kann ich gar nicht ertragen." Sie zieht nach Baden-Baden, wo sie beim Südwestfunk ihr Standbein hat, schreibt aber auch fürs Fernsehen. Die Else Strathmann erfindet sie zufällig. „Das war 1975, da

haben mich die Kollegen auf die Iffezheimer Galopp-Rennbahn geschickt, ich sollte was Komisches machen. Und ich kann gar nix Komisches machen, ich stand da mit dem Mikro und wußte wirklich nicht, was ich machen sollte, und plötzlich hör' ich hinter mir 'ne Frau, die sagt, Willi, watt sezze denn dauernd auf Platane, du vastees doch gaanix vonne Färde!" Das ist es. Mit einem Schlag ist Elke wieder im Ruhrgebiet und legt los, gleich ins Mikrofon: „Also, wir sind die Strathmanns aus Wanne-Eickel, wir sind auffem Ring..." War nichts Besonderes, sagt sie, ein dummes, lustiges Drei-Minuten-Ding, aber die Kollegen haben furchtbar gelacht. „Und als dann später so eine unsägliche Fernsehshow lief, da sagten die: Mach doch noch mal so wie Else Strathmann."

Den Kollegen, die dieses Talent damals herausgelobt haben, sollte man noch heute einen ausgeben. Elke Heidenreich hätte diese Figur von sich aus nie gepflegt, noch heute sieht sie sie als Nebenprodukt und erklärt streng: „Das ist nicht das, was ich mir erarbeitet habe als Beruf. Die ist nur zufällig die Berühmteste geworden." Aber dann lacht sie und gibt zu, daß sie unheimlich gern die Else macht.

Sie ist jetzt 41 (doch, wirklich) und sie möchte mal wieder was Neues machen. Vor allem nicht mehr so rumschwirren von Sendung zu Sendung, mehr zu Hause sein, in dem alten Haus in Baden-Baden, wo sie mit ihrem Freund wohnt, der Autor ist wie sie, und mit den beiden Müttern, die Witwen sind, und mit zwei Katzen und einem Hund. Sie will ruhiger leben, nicht mehr so viel moderieren. Man hört es mit Erstaunen: Die Live-Sendungen machen ihr keinen Spaß, sie steht nicht gern vor Leuten; ihr liegt mehr das einsame Rundfunk-Studio mit seinem roten Lämpchen und nur zwei Kollegen. Der Kölner Treff, sagt sie, war ihr zum Schluß eine Qual, da ist sie nur noch mit zusammengebissenen Zähnen hingegangen.

Das Schreiben, sagt sie, das soll mehr werden und anders. Sie möchte die kritischen Themen lockerer verpacken - „nicht mehr so: Unser Oma ist im Heim, wie geht es ihr denn da? Sondern eher unterschwellig."

Ihre heimliche Sehnsucht aber sind Geschichten, Erzählungen, was fürs Theater, vielleicht mal eine Liebesgeschichte. Sie lacht ein bißchen verlegen. „Aber dann wünscht man sich ja auch, daß es was Besonderes wird, nicht nur so ein schmales Bändchen neben all den vielen, die es schon gibt. Und da trau' ich mich nicht. Ich fang immer an, und dann schmeiß' ich's wieder weg."

Ich
mach's – woll'n mal sagen, mit Liebe

Fußball, Fußball, Fußball –
16 Jahre Trainer in der Nachbarschaft
von Schalke

Wenn Fußball süchtig macht – Jürgen Kreuz ist es. Er sagt es, seine Frau sagt es, die kleine Steffi sagt es: Der Papa ist fußballbesessen. Und Jürgen Kreuz nickt: „Ja, kann man sagen, an und für sich. Weil ich's nicht nur gerne mache, sondern, woll'n mal sagen, auch mit Liebe."

Es ist ein Bild seltener Eintracht in der Gelsenkirchener Vorortstraße: Der Hund genießt es genauso wie das Töchterchen, daß der Herr des Hauses ruhig auf dem Sofa sitzt; daß er vom Fußball spricht und immer wieder vom Fußball, ist in dieser Runde selbstverständlich. Wenn es anders wäre – ich glaube, es würde diese Familie in ihren Grundfesten erschüttern.

Dabei geht ein merkwürdiger Riß mitten durch die Verwandtschaft. „Es ist", sagt Jürgen Kreuz nachdrücklich, „vielleicht ist es einfach so, daß das bei uns in der Familie liegt. Mein Vater hat Fußball gespielt, die Geschwister von meiner Mutter haben Fußball gespielt und die Kinder von denen auch."

Ich wundere mich. Ist das denn nicht selbstverständlioch, wenn man aus Gelsenkirchen kommt? Frau Kreuz schüttelt sanft den Kopf, und ich korrigiere mich beschämt: Jedenfalls, wenn man ein Junge ist? Zu meiner Verblüffung schüttelt auch er den Kopf. „Nein, gar nicht."

Mit Begeisterung erzählt Jürgen Kreuz aus der Zeit, als er und sein Bruder Manni die Helden der Hasseler Straßenspiele waren. Mit demselben Elan spricht er vom SC Hassel, seinem Verein, in dem er als Achtjähriger angefangen hat, und den er heute trainiert. Und noch mehr Wärme glaube ich herauszuhören, als er darauf zu sprechen kommt, wie sein Bruder die große Karriere gemacht hat – Manni Kreuz, jahrelang Spieler bei Schalke, Mannschaftskapitän. Aber eine große, kaum überspielte Enttäuschung, als von Sohn Thomas die Rede ist: „Bei ihm ist es nun mal die Musik. Dabei war er Torschützenkönig hier in der Straße..."

Er hat ihn nie gedrängt, sagt Jürgen Kreuz traurig, aber – „das erste Kind war eine Tochter, und da geht's ja schon los; das zweite muß dann unbedingt ein Sohn werden, und im Hinterköpfchen hegt man ja schon den Gedanken: Hoffentlich wird ein Fußballer draus!" Thomas wurde keiner, und der Vater folgert streng: „Vielleicht hat er ja auch nicht genügend Talent gehabt."

Streng ist er auch mit sich selbst, streng und neidlos. Daß sein Bruder der „große Kreuz" wurde und er selbst immer in dessen Windschatten geblieben ist – „nein", sagt er so überzeugend, daß jeder Zweifel ihm Unrecht tun würde, „mein Denken war immer sehr positiv. Als mein Bruder bei Schalke gespielt hat, habe ich jedes Spiel gesehen. Und bin so automatisch Schalke-Fan geworden. Aber daß da irgendein Gedanke, Neid oder sowas – nein, ganz sicher nicht."

Es ist ein Zusammenhalt, der über jedes Konkurrenzdenken erhaben ist. Als Kinder haben sie zusammen gespielt, gegeneinander gespielt, sich beharkt; liebevoll beobachtet und gefördert von den Großen: Die Kreuz-Brüder waren die ersten in der Siedlung, die einen richtigen Fußball hatten.

„Man hatte ja nicht viel damals, und da haben wir uns aus Lumpen etwas Ballähnliches gemacht. Aber dann – muß Weihnachten 46 gewesen sein", sagt Jürgen Kreuz behaglich, „oder 47 – wir kriegten Fußballschuhe und Trainingsanzüge; und wir hatten das alles so in der Hand, Blick natürlich nur auf den Tisch, ne, und die Omma stand dabei und riß immer die Arme hoch, aber wir merkten gar nicht, was die wollte. Und sie denn: Vom Himmel hoch... und wir hatten immer noch nicht gesehen, daß da oben ein richtiger Fußball im Adventskranz lag. Bis uns dann endlich auffiel – na, dann aber den Ball geschnappt und raus! War schon Abend, aber paar Straßenlampen waren an: und dann die Kollegen rausgepfiffen!" Es war Heiligabend, aber natürlich wunderte sich in Hassel kein Mensch. Ein Blick aus dem Fenster, und die Alten werden verständnisvoll genickt haben: Aha, die Jungens haben 'nen Ball gekriegt...

Als sie älter werden, trennen sich die Wege der Brüder. Warum er selbst nicht nach Schalke gegangen ist – Jürgen Kreuz antwortet mit ehrlicher Verlegenheit: „Mir fehlt leider die Grundschnelligkeit, das hab ich früh erkannt."

Er spielt, so lange es geht, auch bei auswärtigen Vereinen, und als es nicht mehr geht, wird er Trainer. Seine Frau sieht es mit Gelassenheit, die Gewöhnung schafft: „Ich hab ja immer gedacht, das wird mal weniger, und dann – macht der den Trainerschein!!"

Seit 25 Jahren sind sie verheiratet, aber vom Fußball hat sie keine Ahnung. Macht das was? „Ich hab viel Verständnis", sagt sie, und er: „Ich hab zu Hause schon meine Schwierigkeiten..." Aber dann nicken die beiden sich zu; Freundlichkeit wie von verschiedenen Sternen.

Er ist ein vernünftiger Fan; grenzenlos in seiner Leidenschaft, aber nicht maßlos: Einer, der sich nicht einfach hinreißen läßt, sondern nach Gründen fragt. „Ich weiß inzwischen", sagt er in seiner bedächtigen Art, „daß nicht nur der Fußball, sondern der Sport überhaupt einem sehr viel geben kann. Wenn man irgendwie Schwierigkeiten hat, dann geht man zum Sport; dann denkt man da nicht mehr dran und wird begeistert. Und gelöster." Grade in einem Ballungsgebiet wie bei uns, setzt er nachdenklich hinzu: „Das ist eine gute Möglichkeit, sich abzureagieren."

Was er den Jungens im Verein beizubringen versucht, ist handfest und reell. Er selbst hat verschiedene Arbeitsplätze gehabt – erst als Schlosser auf der Zeche; dann, als die Bergbaukrise Unsicherheit und Angst verbreitete, bei der Stadtverwaltung, wo das Schicksal ihn in herrlicher Ironie zum Herrn über den Rasen machte, auf dem Bruder Manni seine Tore schoß. Aber davon redet er nicht. Manni ist Manni und Dienst ist Dienst, und wer nicht seine Pflicht tut, kriegt keinen Sonderurlaub, wenn die Mannschaft spielt – eine einfache, ordentliche Moral ist das, die er den Jungens mitgibt. Genau so klar und schlicht übrigens wie die Erkenntnis, die ihn zum Therapeuten und Vater der Gruppe gemacht hat: „Ein unzufriedener Spieler ist meistens ein schlechter Spieler. Deswegen rede ich viel mit den Leuten."

Daß er zu Hause keineswegs immer so ein aufmerksamer Vater war, schmerzt ihn heute. „Ich habe gar nicht bewußt erlebt, wie meine beiden älteren Kinder groß wurden", sagt er schuldbewußt, „das lief so nebenher. Jetzt bei der Kleinen ist das anders." Seine Frau sieht ihn groß an. Und er fügt schnell hinzu: „Obwohl ich auch jetzt viel unterwegs bin."

Doch, er ist ein Familienmensch. Ein etwas unruhiger, vielleicht, aber er hängt an ihnen allen, und an seiner Stadt, die er ein einziges Mal verlassen hat – damals, als er Vertragsspieler in Hagen wurde und da auch eine Arbeitsstelle fand, und der Verein mietete ihm ein Zimmer; genau eine Woche hat er es ausgehalten, dann ist er zurückgekommen: Lieber jeden Morgen zwei Stunden früher aufstehen als da in der Fremde hocken! Und den anderen geht es genauso. „Wir wohnen alle so 500 Meter auseinander", sagt er und man hört Zufriedenheit heraus. „Meine Eltern, die Schwiegereltern, mein Bruder. Und die Tochter wohnt auch nicht weit."

Sogar der Sport bleibt letzten Endes doch in der Familie: Ja, es spielt ein Kreuz in der Hasseler Mannschaft, er sagt es mit einem Lächeln; Karsten, Mannis Sohn, den er nach Hause geholt hat nach ein paar Abwegen bei anderen Vereinen: „Ich war einfach der Meinung, daß er hierher gehört."

Er selbst, unkonventionell wie damals am Weihnachtsabend, spielt seine spannendsten Spielzüge nachts: im Bett. Oder am Sonntagmorgen, am Frühstückstisch, wenn seine Frau ihn anstupst: Na? Wo bist du denn schon wieder? Bei der Mannschaftaufstellung? Dann grinst Jürgen Kreuz und klopft ihr begütigend auf den Arm, und Frau Kreuz seufzt und sieht ihrem Fußballsüchtigen nach und weiß, den ändert sie nicht mehr in diesem Leben.

Sanft?
Lieb? Blond? Nein Danke!

Herbert Grönemeyer
Rundumschlag gegen Vorurteile

Man entgeht ihm nicht. Ich sitze im Cafe und warte auf Herbert Grönemeyer - wer röhrt und schwitzt auf dem Videoschirm in der Ecke? Grönemeyer.

Er haut in die Tasten und ich sehe fasziniert zu: So sieht der also in Aktion aus. Auf der Plattenhülle kam er mir eher wie Kinski vor. Von wegen, der sanfte Blonde aus Bochum! Als er dann vor mir steht, bin ich wieder überrascht. Auf der Straße wäre ich an diesem unauffälligen Typen glatt vorbeigelaufen.

Breit hockt er hinter seinem Teeglas. Ein Bild der Gelassenheit - aber er redet, redet. Die Worte kommen schnell und präzise, laufen wie geschmiert; er unterbricht seinen Satz, ohne zu stocken, schachtelt einen neuen hinein, noch einen, um genau da wieder anzusetzen, wo er eingehakt hat: Ein irres Tempo hat der drauf. Wenn Grönemeyer sich ärgert, spricht er astreines Ruhrdeutsch. Und er ärgert sich gern und mit Leidenschaft.

Als erstes stellt er klar: daß er nicht arrogant geworden ist, bloß, weil seine neue Platte stapelweise weggeht. Daß er sich überhaupt nicht verändert hat. Daß er nämlich kein Star ist. Daß er vor allem nicht so'n weicher Typ ist. Und daß er - Moment! Moment mal! Wogegen wehrt sich der Grönemeyer eigentlich so fürcherlich? Er schlägt rundum, fetzt nach allen Seiten. Dabei sieht er wirklich eher lieb aus.

Liegt hier ein Problem? Es ist, als wollte er ganz schnell und ganz nachhaltig beweisen, daß er gar nicht so ist, wie er aussieht. Aber er hat nun mal nicht den markigen Schädel von John Wayne, und wenn er so seine blonde Strähne schmeißt, dann muß man einfach an den Song denken, der aus jedem Lautsprecher dröhnt: Männer brauchen viel Zärtlichkeit...

Ich sehe ihn an, wie er ungeduldig gestikulierend von den bitterbösen Briefen erzählt, die er nach seiner Hauptrolle in dem Kinoerfolg „Das Boot" bekommen hat: „Die Leute haben sich meine Platte gekauft und schrieben dann, was ich für fürchterliche Musik machen würde, ich wär doch so nett in dem Film." Ich sehe ihn an, und mir fällt noch eine andere Stelle aus dem Lied ein: „Männer sind außen hart und innen ganz weich."

Die Geschichte seiner Karriere ist eine Geschichte der Kräche: Der Streit mit Erwin Bootz, dem alten Mann von den Comedian Harmonists, der die musikalische Leitung am Bochumer Schauspielhaus hatte, als Grönemeyer kam, um Musik zu machen; jung und lässig und ohne die geringste Ahnung. Später der Streit mit der Filmgesellschaft, wegen der Gage und wegen der Mißachtung, die er bei denen witterte. Und natürlich der tierische Streit mit Günther Buchheim, dem Autor, den er im „Boot" verkörperte - Buchheim, der wütend wurde, wenn er ihn nur sah: So wie du hab' ich nie ausgesehn! Und so gelacht hab ich schon gar nicht! „Der wurde echt wahnsinnig, wenn ich nur gegrinst hab", sagt Grönemeyer und grinst.

Grönemeyer - nur Grönemeyer? Nicht Herbert? Er nennt sich selbst beim Nachnamen, sehr cool: „Ich versuche, auf meinen Platten auszudrücken, was Grönemeyer denkt." Er schafft Distanz, immer wieder; gegen die eigenen leidenschaftlichen Ausbrüche. Distanz vielleicht auch zu seinen Texten, die oft unerwartet gefühlvoll sind und die ihn maßlos aufregen, solange er an ihnen schreibt, wochenlang: „Ewig", sagt er, „das ist immer ein absolutes Drama, dann eß' ich wie ein Wahnsinniger und such' mir alles mögliche, womit ich mich ablenken kann."

Wie er Schauspieler geworden ist, mein Gott - da zuckt er die Schultern, das ist eine komische Geschichte; er wollte das gar nicht, Theater war ihm immer ein bißchen dubios, und er hat dann ja auch ein paar Rollen hingeschmissen, hat gesagt, das geht nicht, kann ich nicht, und das will ich auch gar nicht. Ich steig aus.

Er hatte das Riesenglück, daß er auf Peter Zadek traf. Zadek, der ihn gefördert hat, ihm immer wieder Mut gemacht hat, trotz seiner Zicken: „Wo gibt's das denn, wenn man eine Rolle daneben gesetzt hat oder zwei, dann kannste das doch vergessen."

Wenn er auf Zadek zu sprechen kommt, fängt er an zu schwärmen, das ist so was wie eine ganz große Liebe. „Der hält zu den Leuten, das ist wirklich einmalig. Eine unheimliche Größe, ne tolle Figur. Ich hab das Glück gehabt, gleich am Anfang zu erleben, wie schön Theater sein kann. Sonst wäre ich nie Schauspieler geworden."

Die andere große Liebe heißt Bochum. (Es gibt noch eine dritte - oder erste - die heißt Anna, aber über die sprechen wir nicht; „das ist mein Privatbereich", sagt Grönemeyer zugeknöpft. Obwohl er ein Lied über sie gemacht hat, in dem eigentlich alles drinsteht.) Über Bochum spricht er um so lieber, obwohl es auch darüber ein Lied gibt: Bochum, du Blume im Revier... Mir geht diese etwas merkwürdige Lyrik ja quer runter, aber er meint es ganz ehrlich. „Ich hab ne sehr schöne Jugend gehabt, das hat unheimlich Laune gemacht, die Zeit in Bochum, das war ziemlich wichtig für mich." Hat er zuviel eingestanden? Grönemeyer pfeift sich zurück. „Nee, ich will jetzt nicht in Gefühlsduselei verfallen."

Es ist nicht leicht, ihm gerecht zu werden, Grönemeyer ist ganz Kampfbereitschaft, aber nur, um gehört zu werden. Von seinem Beruf spricht er mit unerwarteter Sanftheit, sagt, daß er ihn mit Liebe und Ernsthaftigkeit betreibe. Und er erwartet, daß man entsprechend mit ihm umgeht. Das Fernsehen hat ihm Angebote gemacht, aber Grönemeyer winkt ab. Heute sagt er nicht mehr einfach ja, heute will er erstmal sehen, „mit wieviel Liebe man behandelt wird. Was atmosphärisch auf einen zukommt. Denn da leidet ein Schauspieler am meisten drunter."

Das ist ein Thema, über das er lange reden kann. Die Schauspieler müßten mehr gefördert, mehr aufgebaut werden, damit sie einen Typ entwickeln können, findet er. Schuld ist das Fernsehen - „das wird immer ausgewogener, immer lahmer. Und das wollen die ja auch. Die brauchen als Schauspieler so Typen, die möglichst lieb über die Linse kommen, die als Figur möglichst uninteressant sind." Das ist das Prinzip, philosophiert er wütend, Aufweichung der Persönlichkeiten - „mir zum Beispiel haben sie das Traumschiff angeboten. Hab ich abgesagt. Und jetzt das nächste - machense sonne Serie, die Schwarzwald-Klinik.

Als Nachfolger. Da rufen die wieder an! Ich sag, ich hab doch damals schon abgesagt! Ich dreh sowas nicht! Aber immer dieser Versuch, einen zu kassieren, irgendwann, das versuchense, und dann kloppen se einen platt; so, der - könn wer auch inner Appstellkammer stelln, jezz kommt der nechste." Grönemeyer ist noch nicht mal atemlos, der haut das so hin, und dann geht's ihm, glaube ich, etwas besser und er bestellt noch einen Tee.

Die Wirtin ist eine resolute Frau. Irre ich mich, oder guckt sogar sie ihren Stammgast mit schwimmenden Augen an? „Ich hab Sie im Fernsehen gesehen, jetzt muß ich richtig Abbitte tun. Gib mir mein Herz zurück, hieß das, was Sie da gesungen haben. Jetzt schimpf ich Sie auch nicht mehr wegen dem Lied von den Männern." Grönemeyer lächelt.

Es regnet. Tschüß, sage ich und will noch etwas Aufmunterndes über das Konzert heute abend anfügen, aber seine Augen sehen schon abwesend über mich weg. Er hat mir erzählt, daß er ein Mordslampenfieber hat. Noch drei Stunden, dann steht er auf der Bühne und die Fans zünden ihre Wunderkerzen an, hopsen, klatschen, rufen: Anna! Anna! wenn er seine Liebeserklärung rausrockt. Herbert Grönemeyer zieht die Jacke über den Kopf und trabt los, die Straße runter. Ich sehe ihm nach, und jetzt lächele ich.

Widerstand
fängt an mit „Nein"

Als Junge nicht in die HJ:
Heinz Lippe,
ein Edelweiß-Pirat

Heinz Lippe ist ein stiller Mann. Freiwillig hat er noch nie von damals gesprochen. Doch doch, er wird mir von seinen Jahren bei den Edelweiß-Piraten erzählen, aber erstmal schüttelt er entschuldigend den Kopf: „Ich kann da gar nicht viel zu sagen."

Um so mehr sagen die anderen. Es ist eine große Runde, die sich im Gartenhaus in Mülheim-Saarn um den Tisch gesetzt hat. Theo Gaudig, Heinz Lippes achtzigjähriger Schwager, hat mich selbst hingebracht, in sein Elternhaus, das so einsam liegt, daß ich am Ende froh bin über den Lotsen. Theo läßt keine Gelegenheit aus, die Familie hier oben zu besuchen, genau wie seine Schwester Friedchen, mit der wir, so ein Zufall, am Gartentörchen zusammentreffen.

Sie fühlen sich am wohlsten, wenn sie alle zusammen sind, mit den Schwestern Erna, die mit 60 die Jüngste ist, und dem 75jährigen Bertchen, die hier oben wohnen, zusammen mit Heinz Lippe, Ernas Mann, der seit fast 50 Jahren dazugehört. Den eine ganze gemeinsame Geschichte an die Familie bindet. Sie beginnt in dem Haus, in dem wir sitzen, das bis in die 30er Jahre eine alkoholfreie Gartenwirtschaft war und ein Treffpunkt oppositioneller Jugendlicher.

Denn Heinz Lippe war ein Edelweiß-Pirat, einer von den Jungen, die sich - mutig? blind für die Gefahr? - in einer frühen, zunächst mehr auf passiven Widerstand als auf politische Aktion gerichteten jugendlichen Opposition gegen den Nationalsozialismus wehrten. Oder, wenn dies Wort zu groß ist, gegen die Hitlerjugend.

Aber warum zu groß? Heinz Lippe wehrt ab: „Ach, wir haben ja nicht viel gemacht. Konnten wir gar nicht." Daß es nicht einfach war und nicht ungefährlich, sich vor der HJ zu drücken, soviel räumt er ein.

Es klingt harmlos: Die 13-, 14jährigen wollten mit den Rädern rausfahren, wandern, zur Gitarre singen. „In der HJ, da wanderten sie auch - aber im Gleichschritt! Die fingen morgens schon an mit Appell: Wachappell, Kleiderappell. Alles mit Zwang, alles mit Drill. Und das wollten wir nicht. Wir wollten uns frei bewegen!"

Es war eine merkwürdig gemischte Schar, die da zwischen den Ruhrgebietsstädten anwuchs. Viele der Jungen und Mädchen waren als Kinder im CVJM gewesen oder bei den Pfadfindern, kamen aus politischen Jugendgruppen oder von den Wandervögeln her. Das Verbot ihrer Organisationen einte sie, wenn auch auf eine lockere, halb verschwörerische Weise. „Wir kannten uns nur mit Vornamen. Oder mit Spitznamen. Einer, den nannten sie Fipp, der hieß richtig Willi. Und einer, da sagten sie Atta für."

Sie kannten sich nicht, und sie verabredeten sich nicht, höchstens in den Grüppchen, die aus den engeren Vierteln und Straßen kamen. Sie wußten: Da kommen immer welche aus Werden und Kettwig, Sterkrade und Duisburg. Aber es kam kein Zusammenhalt, keine Organisation. In den Gartenwirtschaften der Umgebung trafen sie sich trotzdem regelmäßig wieder: in der „Turteltaube" in Mülheim, in der Grafenmühle in der Kirchhellener Heide. Oder hier, in Saarn.

Die Jugendlichen erkannten sich ohne Worte. Keiner von ihnen trug die HJ-Uniform. „Und dann saßen wir mit unserer Gitarre hier und die andern saßen drüben; dauerte nicht lange, da haben wir zusammen gesungen, Wanderlieder, Schlager, alles mögliche. Auch amerikanische Lieder, die verboten waren." Auch die Sache mit dem Edelweiß kam eher banal als geheimbündlerisch zustande: „Irgendwann hatte einer eins an der Mütze - sagten die andern, das ist aber schön, will ich auch haben. Warum - war eben was Besonderes, will ich mal sagen."

Heinz Lippe macht nicht viele Worte. Daß die Ausflüge noch einen ganz praktischen Grund hatten, erzählt er so nebenbei: „Sonntags kam die HJ und wollte und zur Wehrertüchtigung abholen - da waren wir nie da. Sagte unsere Mutter, die sind weg, weiß ich nicht, wohin."

Die Geschichten ähneln einander. Theo, der energische Schwager, greift immer mal ein, ermahnt Heinz, der lieber untertreibt. „Du hast noch gar nicht das von der Turteltaube erzählt!" Aber es sind immer die gleichen Erfahrungen, über viele Jahre gesammelt: Die Jungen fahren raus, treffen sich, singen. Dann rückt der HJ-Streifendienst an, umstellt das Lokal. Aber meistens sind die Edelweiß-Piraten weg, bevor die Streife zuschlagen kann, sie kennen sich in der Gegend besser aus, hauen mit den Rädern ab, quer durch den Wald. Zu Hause, an der Unterführung, kommen ihnen die Mädchen entgegen: „Mensch, paßt bloß auf, unten stehn se!" Dann klettern sie über den Bahndamm und sind mal wieder entwischt.

Sie haben manche Schlägerei gehabt mit der HJ. Sonst ist damals nicht viel passiert - „wenn sie uns gekriegt haben, haben sie uns verwarnt, wir sollten eintreten, das hätte doch Vorteile und so."

Als Heinz mit 20 eingezogen wird, brechen auch die Kontakte zu den Edelweiß-Piraten ab. Er erlebt es nicht, wie die Gruppen sich radikalisieren. Flugblätter transportieren, in den Betrieben sabotieren und dafür in den Kellern der Gestapo landen. In den schlimmsten Fällen werden sie ermordet. 1944 werden 13 Edelweiß-Piraten in Köln ohne Gerichtsurteil öffentlich erhängt.

Zu seiner Zeit war die Bewegung „nur" Opposition, „nur" Verweigerung. „Politische Gespräche - nö. Das kam erst später, daß es politisch wurde." Er weiß wohl, daß das, was die Jugendlichen machten, von Anfang an politischen Charakter hatte - persönlich „nein" zu sagen gegenüber einem Regime, das die völlige Anpassung forderte, das war viel.

Aber Lippe macht nicht viel her davon; vielleicht, weil er erlebt hat, wie seine Eltern und die Eltern seiner späteren Frau versuchten, aktiven Widerstand zu leisten. Beide Familien haben Furchtbares erlebt: Die Väter bezahlten ihren Einsatz mit dem Leben; Heinz Lippes Mutter und seine Schwester, damals 18jährig, wurden festgenommen und erst von den Alliierten befreit: Sie hatten einen Mann beherbergt, der im Ruhrgebiet eine kommunistische Widerstandsbewegung aufbauen wollte.

Heinz Lippe spricht sparsam von diesen Dingen. Sie sind tot, es ist lange her. Er selbst hat Glück gehabt, hat sich auf seine stille Art auch schlau aus der Schlinge gezogen. Als seine Mutter verhaftet wird, im Februar 1943, schickt ihm der Großvater eine verschlüsselte Nachricht, ganz knapp, gerade nur: Schöne Grüße. Da weiß er bescheid. Und setzt sich hin und schreibt einen Brief an seine Mutter: „Ganz patriotisch - wir werden Stalingrad gewinnen; richtig voll Begeisterung." Er kommt davon, denn ihm sind keine Kontakte nachzuweisen. Aber vor dem Polizeipräsidium trifft er überraschend Erna Gaudig wieder: „Wie der Zufall so will - sie brachte ihrer Mutter Wäsche ins Gefängnis und ich meiner. Und wir kannten uns ja ewig aus der Gartenwirtschaft bei ihrem Vater. So fing das an mit uns beiden."

Vierzig Jahre ist das alles her. Eine lange Zeit - aber das Schreckgespenst der Verfolgung läßt keinen los, der dabeigewesen ist. Die Geschwister, scheint es, sind nach dem Krieg umso näher zusammengerückt, so, als müßten sie sich stützen nach allem, was sie erlebt und verloren haben.

Heinz Lippe hat keine Kontakte mehr zu den alten Freunden, und er hält sich von allem fern, was nach politischer Betätigung aussieht. Er will seine Ruhe haben; er geht für nichts und niemand auf die Straße, und er engagiert sich in keiner Partei. Heinz Lippe hat sich ungefährliche Aufgaben gesucht: Er hält das Haus in Schuß, hat ein komfortables Gartenhäuschen gebaut und ein Schwimmbad angelegt, mit allem Drum und Dran. Seine Frau hat sich aufs Blumenzüchten verlegt. Voll Stolz nennt sie die Namen ihrer schönsten Blüten.

Nein, von damals reden sie nicht viel. „Wir haben alle so viel erlebt", sagt Heinz Lippe und zuckt die Schultern, „so viel gelitten. Den Vater von meiner Frau haben sich noch 1945 erschossen, ganz zum Schluß - und wofür? Wenn man das mal überlegt - man sieht doch keinen Sinn dadrin."

Man
muß kein Penner
auf der Parkbank sein
Ein furchtbares Leben,
voll Lügen

Im Coop–Laden an der Ecke kennt man sich mit Namen. Über Steinplatten, zwischen denen kein Hälmchen sprießt, gehen die Frauen mit den Einkaufstüten in ihre Reihenhäuser zurück. Die gläsernen Haustüren schließen sie fest hinter sich zu.

Marion macht so schnell auf, daß ich ihr fast in die Arme falle. „Ich hab' schon gewartet," sagt sie verlegen, „wenn man so aufgeregt ist..."

Im Wohnzimmer sitzen drei um die halbleere Kaffeekanne, sitzen wie zusammengekuschelt, ein unerwartetes, warmes Nest hinter der Fassade von Anstand, Biedersinn und Förmlichkeit: Marions Mann, der immer wieder rausgeht und neuen Kaffee kocht. Bert und Greta; Freunde, die meistens schweigen, aber oft nicken. Manchmal lacht Bert leise; in zorniger Zustimmung. einmal sagt er: Ich hab noch viel mehr getrunken als Marion.

Sie redet, redet wie losgelassen. Aus unendlichen Schleusen brechen Geständnisse, Unaussprechliches wird offenbar, eine unsägliche Lebensgeschichte. Nur die Angst vor den Wohlanständigen hinter den Siedlungstüren hindert sie, mit ihrem Namen für ihr Problem zu stehen; wir nennen sie Marion, das genügt.

Sie ist Alkoholikerin. Bis vor einem Jahr war sie Trinkerin. Als ihr Mann anfing, ihr Vorhaltungen zu machen, hat sie es heimlich getan, hat erst Weinflaschen, dann Flachmänner im Schrank zwischen der Wäsche versteckt; hat den Cognac in der Hausbar mit Wasser aufgefüllt, hat gelogen, geweint und doch weitergetrunken. Um Säufer zu sein, muß man nicht auf der Parkbank pennen.

Mit 14 fing sie an. Eigentlich hätte sie gewarnt sein müssen, der Vater trinkt, schlägt die Mutter. Marion weiß, daß der Alkohol Schuld ist, aber sie denkt nicht daran, eine Parallele zu sich selbst zu ziehen, zu dem Glas Bier, daß sie am Samstagabend in der Disko braucht: „Ich hatte schnell die Wirkung raus", sagt sie. „Ich merkte bald, mit Alkohol ging's leichter."

Zu beschreiben, was da leichter ging, hat sie Mühe. Es gab kein unüberwindliches Problem, eher Alltägliches: ein bißchen runde Hüften vielleicht, Hemmungen, auf andere zuzugehen. „Ich konnte nicht gut reden. Und der Alkohol löste etwas in mir, ein Gefühl von Freiheit."

Man muß sich an diese Offenheit erst gewöhnen. „Waren Sie denn..." Ich stocke, noch peinlich berührt. „Waren Sie denn - als junges Mädchen jemals betrunken?" Marion nickt lebhaft. „O ja, oft! Aber man hat mir nie was angemerkt."

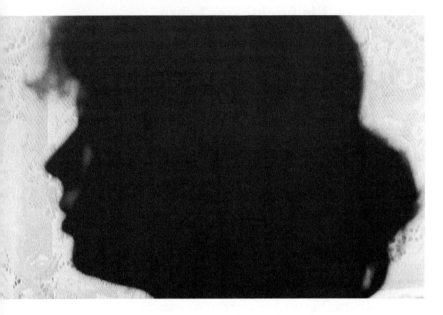

Am Anfang war alles ganz harmlos. Erst heute kann sie die Anzeichen schildern, die sie damals gar nicht wahrnahm: Daß sie immer als erste ihr Glas leerhatte. Und schon wartete: Wann wird Neues bestellt?

Nach der Heirat, als sie schwanger wird, trinkt sie keinen Tropfen, dem Kind zuliebe. Aber als sie mit dem Baby aus dem Krankenhaus kommt, gilt ihr erster Gedanke einem Glas Bier. An diesem Abend betrinkt sie sich. „Ich hatte mich die ganzen neun Monate darauf gefreut."

Von jetzt an geht es rasend schnell. Wieder keine erkennbaren Gründe: Ihren Beruf als Friseuse hat sie gern aufgegeben, sagt sie und Streß durch das Kind - ach wo. Vielleicht ist es wirklich so einfach: Sie trinkt gern, und sie ist mit dem Baby allein. Erst abends, wenn der Mann nach Hause kommt, ist da eine Kontrolle - also sieht sie zu, daß sie ihr Quantum schon hat, bevor er die Wohnungstür öffnet.

Ihr Quantum? Also braucht sie den Alkohol doch? Bald kann sie morgens nicht mehr aus dem Haus gehen, wenn sie nicht vorher einen Schluck genommen hat. Ihr Leben wird mühsam, ein Berg von Lügen türmt sich höher und höher. Sie fängt an, im Supermarkt die Zigaretten zu vergessen, damit sie abends einen Grund hat, noch mal an die Bude zu gehen. Sie ist erfinderisch, und sie ist schlau: Zu der Frau an der Bude sagt sie, nein, geben Sie mir den anderen Schnaps da, den trinkt unser Opa lieber.

Die Worte überstürzen sich wie die Geschichte, die Marion erzählt. Sie redet, als ginge es um ihr Leben, denke ich, um mich gleich darauf bestürzt zu korrigieren: Aber es geht ja um ihr Leben.

Wirklich erklären, was da passiert ist, kann sie nicht. Warum sie getrunken hat, warum sie schließlich wieder aufhören konnte - beides bleibt schwer begreiflich. Sie kann nur auflisten - und sie tut es mit schmerzhafter Genauigkeit.

Es kommt eine Zeit, da spuckt sie ihr Bild im Spiegel an. Aber sie tut weiter Dinge, für die sie sich tief verachtet. Vor allem fährt sie immer wieder betrunken Auto, auch, wenn sie die kleine Tochter dabei hat. Marion, die bisher so ruhig von ihrem Niedergang berichtet hat, fängt an zu zittern, als sie darauf zu sprechen kommt. Immer wieder ist sie nachts aus dem Angsttraum aufgejagt, mit dem Kind zu verunglücken. Trotzdem kann sie nicht aufhören zu trinken.

Es ist eine lange Leidensgeschichte, die das junge Ehepaar abwechselnd erzählt. Sie lassen nichts aus: Wie sie immer wieder gemeinsam Flaschen ausgekippt haben, und Marion hat geschworen: Das war die letzte.

Weil Ulli es verlangt, geht sie zu den Anonymen Alkoholikern. Er hat ihr die Adresse im Telefonbuch rausgesucht und ein Ultimatum gestellt: Entweder du versuchst es oder ich lasse mich scheiden.

Fast ein Jahr lang geht sie zu den wöchentlichen Treffen, lernt, über ihr Problem zu reden. „AA hat mir geholfen" sagt sie mit Wärme, und Bert nickt dazu, drei-, viermal. Aber so einfach ist das nicht. Sie belügt die Gruppe genauso wie ihren Mann.

Nicht Marion ändert sich, sondern ihr Mann. Er fängt an, sich mit anderen Angehörigen von Alkoholikern zu treffen, und von ihnen nimmt er an, was er nie wahrhaben wollte: daß er nicht Marions Problem lösen kann, sondern nur sein eigenes. Er hört auf, die Wohnung nach Flaschen abzusuchen, und er fängt an, die Abende, die Wochenenden ohne sie zu verbringen.

Und Marion dreht durch. Sie spürt: Ulli verläßt sie. Er sitzt zwar auf dem Sofa neben ihr, aber in Wirklichkeit ist er auf einem Weg weit weg von ihr. Und sie weiß, er wird Birthe mitnehmen, die Tochter, die sich immer mehr von der unberechenbaren, ungeduldigen Mutter abwendet.

Plötzlich spürt Marion, wie einsam sie ist.

Wie sie da raus findet, ist eine Kette von Unwägbarkeiten. Sie war beim Arzt, sagt sie, und hat ihn um eine Therapie gebeten - aber an demselben Nachmittag hat sie sich bis zur Bewußtlosigkeit betrunken.

Aber warum gerade da? muß ich nun doch fragen. Und Ulli antwortet, sehr nachdenklich: „Wir waren so glücklich. Und die glücklichsten Augenblicke waren immer die gefährlichsten." Sie nickt: „Ja. Dann wollte ich immer noch mehr."

Noch in die Therapie geht sie ohne den ernsthaften Willen, aufzuhören. Aber dann passiert etwas mit ihr.

Es spielt sich in ihrem Inneren ab. Kein Donnerschlag, keine großartige Erkenntnis. Sie nennt es ihre Kapitulation: „Ich hab irgendwann gemerkt: Ich kann den Alkohol nicht besiegen. Ich brauch nicht mehr zu kämpfen. Und deshalb brauche ich auch nicht mehr zu trinken." Unlogisch? Vielleicht. Aber mit Logik ist dem Alkohol offenbar nicht beizukommen.

Ich denke schon, wir wären am Ende der Geschichte. Aber da sagt Marion ganz vorsichtig: „Der wichtigste Augenblick, das war ... etwas später - ich hab' immer abends gebetet: Beschütz Ulli und Birthe. Und eines abends - hab' ich hinterher gesagt: und mich bitte auch." Sie sieht mich forschend an, ob ich auch begreife, was sie da so bewegt. „Ich hab aufrecht im Bett gesessen", sagt sie leise, „so erschrocken war ich über mich. Daß ich das gewagt habe."

Sie hat ein bißchen Kopfschmerzen, gesteht die junge Frau an der Haustür. „Es ist so vieles wieder hochgekommen; als Ulli erzählt hat, wie er mich ins Krankenhaus gebracht hat..." Ich sehe auf die Rosen im Vorgarten und zögere zu gehen. Seit einem Jahr hat sie keinen Tropfen getrunken - und wie steht es mit dem Glücklichsein? Da lächelt sie.

Das
Schreiben - eine Qual?

Max von der Grün:
Ein Leben voller Bücher und Geschichten

Warum schreiben Sie eigentlich, Herr von der Grün? hat der junge Mann gefragt. „Ist schon lange her", schiebt der Autor für mich ein, „Sie werden sich nicht erinnern, aber damals ging das durch alle Blätter - der steht also bei einer Lesung auf und sagt, warum schreiben Sie eigentlich. Und ich, wie aus der Pistole geschossen, frag' zurück: Warum scheißen Sie? Sieht der mich entsetzt an: Weil ich es nicht halten kann! Jaa, sehen Sie" - Max von der Grün grinst breit, „sehen Sie, junger Mann, hab' ich gesagt, wir beiden verstehen uns."

Er erzählt genauso, wie er schreibt. In Rede und Gegenrede, Geschichten voller Leben und tausend Nebensächlichkeiten.

Im Reihenhaus in Dortmund-Lanstrop herrscht die Art von Gemütlichkeit, in der man Lust hat, die Schuhe auszuziehen; aber nicht aus Angst, die Hausfrau mit dreckigen Sohlen zu verärgern. die Hausfrau, das ist eine langhaarige junge Frau, Max von der Grün nennt sie liebevoll „Mädchen". Als er sie zum erstenmal sah, sagt er, hat er verstanden, was Cäsar meinte mit: Veni, vidi, vici. Er war als Autor auf einer Lesereise durch England, sie war Studentin in Birmingham, und sie schrieb an einer Examensarbeit über Max von der Grün. So kam's.

Wie sind wir nur darauf gekommen? Ach so, wir sprachen über das Dorf. Seit sechs Jahren lebt Max von der Grün in dem ländlichen Dortmunder Stadtteil, ein Intellektueller unter Bauern. Probleme? „Och, ich hatte ja nie Berührungsängste!" Na schön, er nicht. Aber seine Umgebung? Erst wehrt er ab: „Zu mir sagen alle Max." Und dann kommt er natürlich doch mit ein paar Geschichten raus. Wie die Putzfrau hintenrum gefragt wurde: Wie sind denn die? Und sie: „Och - ganz normal!" Er möchte sich kaputtlachen über dieses „ganz normal!"

Oder wie sich nach der letzten Landtagswahl herausgestellt hat, daß die DKP zum erstenmal zwei Stimmen in Lanstrop geholt hatte. „Da haben die sich tagelang drüber unterhalten: So, jetzt haben wir Kommunisten im Ort. Das kann nur der von der Grün sein! Bis einer meinte: Das kann nicht sein. Dem seine Frau ist Engländerin, die darf gar nicht wählen."

Wir sitzen im Arbeitszimmer, oben unterm Dach, und sehen einerseits durch gardinenlose Fenster übers Land, andererseits auf einen

Schreibtisch mit einem dicken Papierstapel drauf. Das ist das neue Buch, er liest gerade Korrektur. Worum es geht, verrät er nicht; das weiß noch nicht mal seine Frau. „Die würde sofort mit mir das Diskutieren anfangen! Ich hab mal einem Lektor erzählt, woran ich schreibe, da war der jeden Tag am Telefon und hat gesagt, jetzt mußt du das schreiben, und jetzt das. Zum Schluß hatte ich das Gefühl, das ist gar nicht mehr meine Geschichte."

Sonst hat er nur gute Erfahrungen mit seinen Lektoren gemacht. Beispiel gefällig? Bitte sehr:

Max von der Grün war Bergmann, als er seinen ersten Roman schrieb, Männer in zweifacher Nacht. Als der Lektor kam, hatte er Frühschicht. „Ich ging zur Arbeit, und er hat schon mal angefangen, das Manuskript durchzusehen. Als ich dann um halb drei komm', seh' ich, wie der zweieinhalb Seiten einfach durchgestrichen hat - was ich mit meinem Herzblut hingeschrieben hatte! Das war die Stelle, wo ein 22jähriger stirbt. Und der Lektor war so höflich, der wollte mir nicht sagen, daß das Kitsch ist. Eine Stunde haben wir gerungen, dann sagt er zu mir: Du hast doch ne Bibel? Schlag mal auf, Johannes 19, Vers 30. Haste den? Ja? Lies mal. Lies laut." Von der Grün liest: „Er neigte das Haupt und verschied." „Und?" „Ja," sagt er. „Und dafür brauchst du zweieinhalb Seiten." - Das war meine Lehrstunde."

Er hat gelesen, seit er lesen konnte, geschrieben, seit er schreiben konnte. Die Herkunft? „Ja, die Mutter war Dienstmagd, und der Vater Schuster, zu Hause, in der Oberpfalz. Aber gelesen wurde bei uns viel - meine Tanten haben Groschenhefte gelesen, mein Großvater den Bauernkalender und die Zeitung. Und mein Vater las täglich zwei Stunden in der Bibel, der war bei den Zeugen Jehovas." Eine eindrucksvolle Zusammenstellung.

Aber diesmal meint er es gar nicht witzig. Und auch mir vergeht das amüsierte Lachen, als er weitererzählt. Denn als Max von der Grün lesen lernte, schrieb man das Jahr 1933. Er war dreizehn, als sein Deutschlehrer ihm ein Päckchen in die Hand drückte, in Zeitungspapier gewickelt: Das darfst du keinem zeigen, niemandem davon erzählen! Das Auswickeln wird zur Enttäuschung. Nur ein Buch! „Aber es war ein Schatz. Stefan Zweig - Sternstunden der Menschheit." Als ich verwundert frage, warum der Lehrer ihm so viel Vertrauen entgegenbrachte, zuckt er nur die Schultern. „Mein Vater war im KZ."

Sein Leben ist begleitet von Büchern. Mehr als zwei Jahre verbringt er in amerikanischer Kriegsgefangenschaft; die geistige Öde bekämpft er mit Goethe: Noch heute kann er den „Faust" auswendig. Wie er ins Revier kommt - aber das ist wieder so eine herrliche von-der-Grün Geschichte, eine, bei der man besser nicht die Frage stellt: Dichtung oder Wahrheit? Egal, erzählt muß sie sein:

Also, da kommt der Sammeltransport aus Würzburg in Essen an, 200 junge Männer, die als Bergleute Geld verdienen wollen. Nach der Untersuchung werden sie gefragt: Wo wollen Sie hin?

Keine Ahnung, ich kenne dieses Ruhrgebiet nicht.

Wollen Sie nach Gelsenkirchen? - Das klang so komisch.

Oder nach Wattenscheid? - Das klang noch komischer.

Ja - wollen Sie nach Wanne-Eickel? - Ou - ich krieg Zahnschmerzen!

Bei „Königsborn" fragt er vorsichtig nach: Wo issen das? - Das gehört zu Unna. - Ha! Da geh ich hin.

Ja, sagt der Mann ganz entgeistert, weshalb haben Sie sich denn jetzt so schnell entschlossen, nach Unna zu gehen? - Wissen Sie, in Unna war Heinrich Heine! Da guckt der mich an und fragt: War wohl ein guter Freund von Ihnen, der Heine? Max von der Grün schwört Stein und Bein, daß er geantwortet hat: Ja. Ein sehr guter Freund.

Dreizehn Jahre arbeitet er unter Tage. In jeder freien Minute schreibt er, samstags, sonntags; Urlaubsreisen kommen nicht in Frage. Am Schreibtisch baut er sich eine eigene Welt auf, gegen den Pütt, von dem er sagt: „Ich habe die Arbeit hingenommen als notwendiges Übel."

Die Kumpels drängeln manchmal: „Was treibst du bloß immer? Gehst nie mit in die Kneipe, nie zum Kegeln."

Aber er hätte sich eher die Zunge abgebissen, als denen was zu erzählen. Als dann der erste Roman rauskommt, ist das eine Sensation. Seit mehr als 20 Jahren arbeitet er als freier Schriftsteller. Manchmal schwindelt ihm vor seinem Erfolg. Alle seine Romane wurden verfilmt; seine Bücher erreichen Riesenauflagen, werden in viele Sprachen übersetzt. Natürlich hat er Erklärungen dafür, aber die schmeichelhafteste legt er in kluger Koketterie seinem Lektor in den Mund: ,,Der hat mal gesagt, der Leser kann sich mit deinen Figuren identifizieren. Weil man die anpacken kann - die Frauen kann man in den Popo kneifen, und die Männer kann man in die Schnauze hauen."

Er ist 58, aber er lebt wie ein Zwanzigjähriger. Unerschöpflich, unermüdlich. Seine Arbeit erledigt er mit eiserner Disziplin: Morgens von acht bis zwei sitzt er grundsätzlich am Schreibtisch. Da überrascht das Geständnis: daß das Schreiben eine Qual für ihn ist. Noch 'ne Geschichte? Einmal ist er zu einer Lesung von Heinrich Böll gefahren. Und da hat doch so ein Naseweis dem Böll die bewußte Frage gestellt: Warum schreiben Sie eigentlich? ,,Hat der Böll ganz freundlich gesagt: Weil es mir Spaß macht. Und ich saß da und hab' gedacht: Den schlag' ich jetzt tot. Den Böll schlag' ich tot. Wie kann der sagen, Schreiben macht Spaß."

Zu fragen, ob es nicht doch auch ihm ein ganz kleines bißchen Spaß macht - ich verkneife es mir, aber nur, weil ich jetzt wirklich gehen muß. Alle die schönen Geschichten, die ihm dazu noch einfallen würden...

Als Schaf
unter die Wölfe

Leben zwischen Dritter Welt und Möbeln vom Sperrmüll

Eine nackte Birne baumelt von der Decke, und das Sofa stammt vom Sperrmüll. „Heute morgen habe ich Staub gesaugt", sagt Pastor Hans de Boer freundlich. „Ich wußte ja nicht, ob Sie über 40 sind." Bei Gästen über 40 räumt der 59jährige auf. Aber den besonderen Charakter seiner Wohnung, der gesetztere Besucher schockiert, kann und will er nicht verdecken: „Jedes Möbelstück, das ich besitze, ist kaputt." Mühelos findet meine Hand das Loch in der Seitenlehne meines Sessels.

Es war der Kulturschock, erklärt er. „Jedesmal, wenn ich wiederkomme aus der Dritten Welt, erscheint mir das Leben hier unerträglich, mit der Gier nach immer neuen, immer schöneren Sachen." Er hat in Indien Frauen gesehen, die hinter Rindern herliefen und aus den Kuhfladen die Körner raussuchten für ihre Kinder. Wer so etwas erlebt hat, verliert das Bedürfnis nach aufwendigem Leben.

Was immer man über ihn erzählen will, es kommt etwas Außergewöhnliches dabei heraus. Selbst der Beruf - die geordnete Existenz eines Religionslehrers an einer Duisburger Berufsschule - hat eine merkwürdige Vorgeschichte.

Der Vater war Kaufmann in Hamburg, ehemaliger preußischer Offizier, schwerreich, atheistisch. Aber der Sohn schlug völlig aus der Art. „Mit 14", sagt Hans de Boer, „wurde ich normal." Man könnte auch sagen: Er erwachte, um nie wieder einzuschlafen.

Es war 1939. „Kriminalpolizei kam in die Klasse und sagte, Heinz Haak, Luise Schröder, Peter Berlin-Biber. Raus. Als wir den Lehrer fragten, warum, machte er mit der Hand so" – Hans de Boer fährt sich mit der Handkante über die Kehle und sieht mich an. Ich nicke. „Er sagte: ‚Juden'. Und wir wußten, was er meinte." Heftig fügt er hinzu: „Ich habe mit 14 gewußt, daß die Juden umgebracht wurden. Ich erzähle das immer wieder, von der Kanzel und vor meinen Schülern, weil meine Generation Ihrer Generation ja immer vorlügt, wir hätten nichts gewußt."

Mit 17 läuft er von zu Hause weg, weil er nicht Soldat werden will. Versteckt sich, wird verhaftet. Wird gefoltert; ein Zehennagel wird ihm ausgerissen. Nur die Stellung des Vaters und die Fürsprache einfluß-reicher Freunde bewahren ihn vor dem Kriegsgericht.

Nach dem Krieg wird er Christ - „und begeisterter Anhänger von Konrad Adenauer, weil der gegen Hitler war." Um so bitterer ist die Enttäuschung, als Adenauer ehemalige SA- und SS-Führer in sein Kabinett holt. „Da hab' ich gesagt, ohne mich. Und habe Deutsch-land verlassen."

De Boer geht als Kaufmann nach Südwestafrika. Trocken berichtet er: „Von Montag bis Samstag habe ich die Neger betrogen, und sonn-tags bin ich in die Kirche gegangen und habe Gott um Vergebung gebeten."

Wie er den Dreh gekriegt hat - wie ihm die Erkenntnis kam, die er heute noch vertritt: Ein Christ kann kein Kapitalist sein, das erzählt er nicht. Jedenfalls wird er ausgewiesen, als man ihn beim Kaffeetrinken mit einem Schwarzen erwischt. Der Dampfer bringt ihn nach Indien - aber statt in eine ungewisse Zukunft reist er in ein Leben voll uner-warteter Ehrungen: „Ich wurde als Held empfangen - ich wußte gar nicht, was die wollten. Aber das hatte es einfach noch nicht gegeben, ein Weißer, noch dazu ein Deutscher, der in den fünfziger Jahren aus Süd-afrika ausgewiesen wurde! Ich war Gast von Nehru, und das hat mir das Tor geöffnet für viele große Menschen."

Hans de Boer reist und reist. Er lernt Asien und seine Probleme gründlich kennen, bevor er nach Hause zurückkehrt und aus der Fülle seiner Eindrücke ein Buch schreibt: Unterwegs notiert. Seine Berichte aus der Dritten Welt erreichen eine Auflage von einer halben Million, sie werden in 18 Sprachen übersetzt. Für den Kaufmannsberuf ist de Boer ebenso gründlich verdorben wie für das Leben im Konsumrausch. Daß sein Vater ihn enterbt, berührt ihn nicht einmal.

Aber daß er in der Bundesrepublik immer wieder auf Menschen stößt, die mit ihrer nationalsozialistischen Vergangenheit gelassen umgehen, das bleibt ihm unerträglich. Er geht nach Kanada und studiert evangelische Theologie; katholische und jüdische Theologie hängt er gleich noch mit dran, und moslemische Philosophie außerdem. Und mit diesem Durcheinander beruft ihn die indische Mahatma-Ghandi-Schule als Dozenten.

Hans de Boer hat seine Stationen knapp aufgezählt, aber jetzt wirft er mir nur noch Brocken hin. Er spricht ruhig, ohne eine Gemütsbewegung erkennen zu lassen. Als lieferte er Nebensächliches, teilt er mit, daß er eine indische Chirurgin geheiratet hat, mit der er Delegationsreisen unternimmt, nach China, Vietnam und schließlich nach Kambodscha. Sie gehen zu den amerikanischen Truppen, ,,um herauszufinden, warum die da eingefallen sind"; dann besuchen sie die Befreiungstruppen. Und bleiben da, weil es keinen Arzt gibt. ,,Meine Frau hat Beine amputiert, ohne Narkose, ohne schmerzstillende Mittel. Das Schreien hör' ich heute noch."

Nein, dies ist nicht das furchtbare Elend der Geschichte. Hans de Boer und seine Frau werden bei einem amerikanischen Gegenangriff gefangengenommen, trotz ihrer Rot-Kreuz-Binden. Sie werden mit Elektroschocks gefoltert, man zwingt sie, Pferde-Urin zu trinken, mißhandelt sie. Die Frau wird totgeschlagen. ,,Die Amerikaner haben sich hinterher entschuldigt", sagt de Boer unbewegt. ,,Sie hätten das falsche Ehepaar erwischt."

Ihn treibt eine ungeheure Unrast. Er will alles selbst gesehen haben, will seine Freunde in China fragen: Ist das wahr, was bei uns in der Zeitung steht, daß es eine Hinrichtungswelle gegeben hat? Will mit seinen Freunden in Indien darüber reden, ob der Hunger etwas weniger geworden ist. Und will wiederkommen und hier alles berichten, als Augenzeuge.

Was ihn treibt? Angst, sagt er, aber nicht für sich selbst: ,,Schlimmer kann es nicht mehr werden." Er spricht von Raketen und von der Umwelt, aber vor allem von dem, was ihn am nachhaltigsten beeindruckt hat: ,,In Vietnam habe ich bei den Schülern unter die Bänke geguckt. Da fehlte an jedem Bein irgendetwas." So ist das, sagt Hans de Boer. Ganz einfach. ,,Wenn ich auch in Zukunft Schüler mit zwei

Armen und zwei Beinen sehen will, muß ich etwas tun."

Und die Religion? frage ich zögernd. „Sie reden gar nicht von der Religion." Da zieht er die Brauen hoch. „Religion ist Opium für's Volk", sagt er mir ins verblüffte Gesicht. Genießt einen Augenblick mein beeindrucktes Schweigen und fügt dann hinzu: „Aber nicht die Botschaft Jesu Christi. Die Botschaft Jesu ist das Gegenteil von Religion."

Religion, Christentum, das ist ihm zu wenig. „Das Christentum", sagt er voll Spott, „das Christentum sagt: Seid nett miteinander! Setzt euch zusammen und häkelt! Erzieht die Kinder, daß sie ja nicht lügen!" Das ist ihm nur das halbe Evangelium. Das ganze Evangelium, sagt er, ist die Nachfolge Jesu Christi. „Und das heißt nun mal: als Schaf zwischen die Wölfe gehen."

Ich
seh' da keine
Hoffnung drin ...

Robert Hax
hätte diese Woche 30jähriges gefeiert –
jetzt ist er arbeitslos

Robert Hax ist ein ruhiger Mann, einer, der nicht viele Worte macht. „Ja", sagt er und betrachtet seine kräftigen Hände, „man soll ja die Hoffnung nicht aufgeben, is klar. Aber ich seh' da keine Hoffnung drin, oder jedenfalls wenig. Sehr wenig." Robert Hax ist seit zwei Monaten arbeitslos. Stünde er jetzt nicht auf der Straße, er hätte letzte Woche Jubiläum feiern können: Am 1. April wäre er 30 Jahre bei Mönninghoff in Hattingen gewesen. Jetzt ist er gar nichts.

Ohne Groll erzählt er von seinem 25jährigen. Damals hat er einen Monatslohn bekommen und einen kleinen Flansch am blauen Ripsband: Das ist das Werkstück, mit dem er in den letzten Jahren zu tun hatte, ein Verbindungsstück, das zwischen zwei Rohre eingesetzt wird. Hax war Kontrolleur, und er hat seine Arbeit gern getan. Aber für ihn ist kein Platz mehr in dem vom Konkurs bedrohten Werk. „Die sagen, der Flansch geht nicht mehr – aber, ich will mal sagen, die haben ja dran verdient, und jetzt soll der auf einmal nicht mehr gehen ... nee, das geht nicht da oben rein." Die Faust klopft zwei-, dreimal hart an die Schläfe. In dieser Geste liegt mehr Verzweiflung als in den spröden Worten.

45 Jahre, und keine Aussicht auf Arbeit? „Ja", sagt er still, „was will man da machen." Seine Frau ist energischer, läßt ihrer Empörung freien Lauf. „Das ist doch ne Schweinerei, da hat der Betriebsrat noch nicht mal mitgesprochen, andere sind erst ein paar Jahre da und haben Arbeit, und mein Mann, nie hat er nen Krankenschein gehabt, sogar wenn er mal erkältet war, ist er aufs Werk gegangen. Wenn er sich was hätte zuschulden kommen lassen, aber so ..." Robert Hax nickt. „Das ist ja das, was mich ärgert. Daß das überhaupt nicht gewertet wird."

Die Arbeitslosigkeit hat die Familie schwer getroffen. Am schlimmsten waren die ersten beiden Monate, in denen der rückständige Lohn nicht ausgezahlt wurde. Das letzte Geld kam im Januar, und dann nichts mehr, bis Mitte März. Auch das Arbeitsamt zahlt erst seit drei Wochen: 282 Mark Unterstützung pro Woche, das ist nicht viel. Die fünfköpfige Familie ist nur über die Runden gekommen, weil Frau Hax eine Stelle als Aushilfe hat, in einer Fleischerei. Aber das Geschäft geht seit Monaten zurück, „das merkt man kolossal", sagt die resolute Frau, „ist doch klar, wo kein Geld reinkommt, kann auch keins ausgegeben werden. Und wenn das Werk ganz dicht macht, wer weiß, ob es dann noch Arbeit für mich gibt." 15 Jahre arbeitet sie in der Fleischerei – „aber, das hat mein Mann auch gesagt, ich bin 30 Jahre im Betrieb, und was war?"

Die Einschränkungen fallen nicht ins Auge, die freundliche Wohnung ist ja geblieben, und für ein paar Zigaretten reicht es auch. Aber die Familie spürt schon, wo die 32 Prozent Lohnunterschied bleiben. Als erstes wurde das Auto abgeschafft, und Kleider kaufen, das ist auch nicht mehr so drin wie früher. Das einzige, was ihnen nicht fehlt, ist ein Urlaub: Den haben sie sich auch früher nicht leisten können. „Spanien haben wir noch nie gesehen", sagt Frau Hax und lacht. „Wir haben es uns eben zu Hause schön gemacht."

Die Hax' haben Glück, daß sie Kinder haben, die nicht nur verstehen, sondern auf ihre Weise solidarisch reagieren. „Die Größere hat sich sofort gemeldet, daß sie was von ihrem Lohn abgibt, das hat sie bis jetzt nicht gebraucht, aber da ist sie ganz von sich aus mit gekommen." Man merkt Frau Hax den berechtigten Stolz an.

Für Robert Hax hat sich seit dem 22. Februar die ganze Welt verändert. Er ist jetzt „Hausmann", macht die Betten, saugt, spült. „Nur kochen kann ich noch nicht, aber das lern' ich mir noch an." Wie er sich fühlt, darüber spricht er nicht viel, kaum, daß ihm zu entlocken ist, daß er deprimiert ist. Seine Bekannten, sagt er, verstehen schon, daß er an seiner Lage nicht schuld ist. Aber im nächsten Satz kommt dann doch heraus, daß er nicht mehr so gern 'rausgeht, weil er dann angesprochen wird, ach, du bist jetzt arbeitslos ... „Ich kann den Mist nicht mehr hören."

Zu den Betriebsversammlungen geht er regelmäßig, auch wenn er sich nicht viel davon verspricht. „Da wird auch immer dasselbe geredet, wir suchen – suchen ne Auffanggesellschaft ... ja, ob die da suchen ..." Vertrauen, daß sich bei Mönninghoff noch eine Lösung findet, spricht nicht aus seinen Worten. Und auch sonst sieht es schlecht aus. Jeden Morgen sieht er in die Zeitung, nach Stellenangeboten, aber bis jetzt war nichts dabei. Das Arbeitsamt hat gesagt: Warten Sie mal ab. Und Hax wartet.

Ja, sicher wäre er bereit, sich umschulen zu lassen, aber er stellt sich das schon schwierig vor. „Ich hab' ja nie was anderes gemacht!" Auch über einen Umzug in eine andere Stadt denkt er nach, aber da wären die Probleme fast unüberwindlich. Die ältere Tochter hat eine Lehrstelle hier, die zweite hat eine in Aussicht, und dann ist da ja auch der Arbeitsplatz der Frau. „Für alle Mann kriegten wir ja gar nichts, woanders."

Und allein weggehen, möglicherweise in ein möbliertes Zimmer? Da wird Robert Hax zum erstenmal heftig. „O nee, nee, o nee, das wär' nicht drin! Ich hab doch hier meine Frau und alles, da will man doch nicht auseinander wohnen. Die können gut reden, von wegen mobiler sein."

Zwei-, dreimal in der Woche geht er zu der Arbeitsgruppe am Werk, wo sich die Kollegen treffen, die Arbeitslosen und die, die noch Arbeit haben. Bei allen Kundgebungen war er dabei – es war das erste Mal, daß er auf die Straße gegangen ist, und ein bißchen komisch hat er sich schon gefühlt dabei. „Aber man kann sich doch nicht ausschließen, da muß man mitmachen." Reden, auf Versammlungen, oder sich sonstwie aktiv einsetzen – „ach nee", sagt er, „das liegt mir nicht so."

Die Zukunft sieht er mit großer Resignation. Eigentlich kann er sich nicht so recht vorstellen, was werden soll – deshalb taucht immer wieder das Wort „Hoffnung" auf, aber es wird auch immer wieder zurückgenommen. Nein, viel zu erwarten hat er nicht. Und wenn er sagt: „Anderen geht es genauso", dann denkt er auch an seinen Sohn, der heute 13 ist. „Früher, in normalen Zeiten, da konnte man sagen, wenn der Vater soundsolange im Werk ist, dann kann der Sohn da auch anfangen. Bei mir damals, als ich mit 15 aus der Schule gekommen bin, da war mein Onkel im Betrieb, als Waschkauenwärter. Und der hat für mich gesprochen, daß die mich angelernt haben. Aber heute, da hat man noch nicht mal für den Jungen ne Chance."

Beflügelt
vom Zoff mit der Stadt

Sterngucker
Kaminsky übt schon
fürs All

Wo andere Leute ein Rosenstöckchen pflanzen, hat Heinz Kaminski sich ein Ei hingesetzt. Wer es nicht weiß, glaubt das ja zuerst mal nicht: Statt eines Gartenhäuschens hat der Mann eine Parabol–Antenne im Garten – was sage ich: Die größte Parabol–Antenne Europas, mit der die Daten erdumlaufender Satelliten empfangen werden können. Kilometerweit leuchtet ihre Schutzkuppel über dem Weimarer Holz, Symbol eines unermüdlichen Kämpfers für eine Idee, die ihn fasziniert und die er verteidigt, treu und zäh. Seine Waffe ist ein flammendes Herz, sein Markenzeichen der schiefe kleine Propeller unterm Kinn.

Gegen wen hat der wackere Don Quichotte von Bochum-Sundern in den letzten Jahren nicht alles gekämpft! Gegen Willy Brandt, der ihm nicht grün genug war; gegen die Grünen, die ihm zu rot waren; gegen die Stadt Bochum, die ihm zu engherzig, gegen das deutsche Wetteramt, das ihm zu weitläufig ist. Und natürlich gegen die Bochumer Professoren, die Kaminski, den Selbstgestrickten, nicht als ihresgleichen anerkennen wollen - kleinkariertes Volk, für das der Held, der aus dem Keller kam, nur Verachtung hat: ,,Was tut's der Eiche, wenn sich die Säue daran kratzen?'' Heinz, die Eiche, grinst breit.

In seinem Keller hat alles angefangen, da hat Kaminski damals die ersten Töne aus dem All empfangen. Oder nein, eigentlich war das nicht der Anfang; Kaminskis Tête-à-tete mit dem Sputnik, das war schon der erste Höhepunkt. Denn die Liebe zum Weltall ist ihm angeboren, ebenso wie das Bedürfnis, mit Menschen zu reden. Heinz Kaminski hat aus diesen beiden Leidenschaften das Beste gemacht. Das ist überhaupt seine Stärke. Daß er immer und aus jeder Situation das Beste macht.

So was von einem Lebenslauf muß man sich erst mal suchen: Der Vater Stahlarbeiter, im Bochumer Blaue-Buxen-Viertel zu Hause, am heutigen Springerplatz. Der Sohn Sterngucker: ,,Wenn mich meine Mutter suchte, saß ich immer hinter der Gardine und guckte in den Himmel.'' Laufbursche beim Bochumer Verein: ,,Ich hab' ja nur Volksschule.'' Und da ging es dann auch schon los. ,,Ja'', sagt er, ,,da hab' ich unendlich viel gelernt. Ich mußte nämlich die Akten rumschleppen, und die hab' ich unterwegs gelesen: Die exportieren, so nach Singapur ... jetzt: Was ist Singapur? Man lernt ja, ne?"

Er muß ein wißbegieriges Kind gewesen sein,ein emsiger Schwamm, der in hemmungsloser Zähigkeit alles aufsog, was die Umwelt ihm an Bildung bot. Von Frollein Heimannsfeld schwärmt er noch heute, die hat ihm in der Volksbibliothek immer die Tips gegeben, bis er den gesamten Buchbestand durchhatte. „Sie können sich ja nicht vorstellen, was ich gelesen habe", sagt er bescheiden. „Wahnwitzig."

Das war sein Selbststudium, alles mit Hilfe des Bücher-Frolleins: Geschichte, Naturwissenschaften, Philosophie - „einfach alles", und nebenbei fing er eine Lehre an als Laborant, setzte noch ein Studium drauf und wurde 1948 Chemie-Ingenieur.

Von da aus führte der Weg direkt in den berühmten Keller. Zum erstenmal kombinierte Kaminski seine Leidenschaften und fing an, öffentlich vom Himmel zu reden - mit einer praktischen Nutzanwendung. In der Volkshochschule bot er den Kurs an: Wir bauen eine Sternwarte. Kaminski wäre nicht Kaminski, wenn daraus nicht etwas Imposantes geworden wäre.

Aber der Weltraum genügte ihm nicht. Wo ihn früher das All faszinierte, gilt heute seine Liebe der Erde mit ihren Umweltproblemen - ein Ur-Grüner, auch wenn er die Partei inzwischen wieder verlassen hat.

Da ist es kein Wunder, daß die Stadt Bochum dem Ex-Sozialdemokraten die Mittel für sein „Institut für Weltraumforschung" gesperrt hat. Nur Kaminski selbst, der seine strahlend-naive Fähigkeit zur Begeisterung auch bei jedem anderen voraussetzt, stand fassungslos vor diesem Schritt. „Das war diese fürcherliche Guillotine", sagt er, und die blitzenden Augen hinter den Brillengläsern verdunkeln sich in herzzerreißender Trauer, „am 1. Mai stand ich hier nackt, ohne Mitarbeiter. Da habe ich geweint."

Aber man kann mit ihm nicht traurig sein, zu schnell ist Kaminski wieder obenauf. Denn das Institut läuft ja wieder, ausschließlich mit freiwilligen Mitarbeitern. Es ist nicht zu fassen, woher der Mann diese Kraft nimmt, daß er immer wieder die Kurve kriegt und andere noch mitreißt. Zum Beispiel die Frau Schüffler; die war über zehn Jahre am Institut fest angestellt. Jetzt hat die Stadt sie an eine andere Stelle umgesetzt, aber sie kommt fast jeden Tag rüber, mal für eine Stunde, mal für zwei, und hilft weiter mit bei den Büroarbeiten. Warum sie das macht? Kaminski lacht selbstbewußt: „Die können mich doch hier nicht alleine lassen!" Frau Schüffler sieht das genau so. „Ach", sagt sie, die Arme voller Akten, „man darf das doch nicht einfach untergehen lassen." Nein, untergehen kommt für Kaminski überhaupt nicht in Frage, der trumpft auf; der findet immer was zum Auftrumpfen. Jetzt arbeitet das Institut überhaupt erst richtig, verkündet er mit treuem Augenaufschlag, „ja, ich bin eigentlich froh, daß ich in einem Kreis von freien Menschen wirken kann, die ich nicht mit der Peitsche treiben muß - das hat mir immer vorgeschwebt, aber in den städtischen Armen hätte ich es nie verwirklichen können." Und dann schießt er wieder sein breites Grinsen über die Pünkelfliege weg: „Da gilt das Goethe-Wort: der Geist, der stets das Böse will, und doch das Gute schafft... na ja, ich will das mal nicht so auf die Stadt Bochum münzen, ohne Bochum wäre das Ganze nicht machbar gewesen."

Die Wahrheit ist, daß der Zoff mit der Stadt ihn enorm beflügelt hat. Er hat mal wieder etwas Unglaubliches auf die Beine gestellt („Da wurden ja schon Wetten abgeschlossen im Rathaus: Das geht kaputt", erzählt er genüßlich), und außerdem brachte ihm die Geldnot des Instituts den schönsten Anlaß, mal wieder in die Öffentlichkeit zu treten. Nicht für sich sucht er dies Licht, natürlich, sondern für die Sache, für den Umweltschutz, für die Zukunft der Erde, die er mit der Inbrunst und ein bißchen auch mit den Methoden eines Wanderpredigers verteidigt. Aber zimperlich darf man eben nicht sein, wenn man die Menschheit wachrütteln will, „da müssen Se die schon in irgendeiner Form aufen Fuß treten." Nur deshalb träumt Heinz Kaminski davon, einen Flug mit dem Space Shuttle mitzumachen. Ins All - die Erde von oben gesehen zu haben - das müßte, meint er, seinen Aussagen doch ein ganz anderes Gewicht verleihen. Sein Bewerbungsschreiben bei der NASA läuft, und natürlich ist er zuversichtlich, so zuversichtlich, daß er schon kräftig seine Kondition trainiert: „Gott ja, ich gehör' ja wohl zu den bekanntesten Männern heute auf dem Gebiet der Erforschung der Erde. Das wissen die ja selbst."

Aber ein Kaminski hat immer zwei Asse im Ärmel, wenigstens. Sicher, der Flug um die Erde wäre die Krönung seiner Laufbahn, gibt er versonnen zu. Aber auch hier unten wird er noch mal richtig zuschlagen; so in drei, vier Wochen, wenn er seine Wetterprognose für den vergangenen Winter veröffentlicht. Die hat er im November aufgestellt und dann versiegelt - weil er nämlich in Bonn Geld beantragt hat für einen Forschungsauftrag, und weil er in Punkto Wettervorhersage ein gebranntes Kind ist, und weil die Leute vom Deutschen Wetterdienst, die seinen Antrag begutachten, zu seinen Arbeitsmethoden sowieso sagen: Geht nicht! - deshalb hat Kaminski beschlossen: keine Prognose, bevor der Antrag bewilligt ist. „Aber vielleicht", sagt er hoffnungsvoll, „vielleicht sagen die ja auch: Lassen doch mal machen, daß er richtig auf die Schnauze fällt!" Heinz Kaminski, auf die Schnauze fallen? Der doch nicht. Der fällt immer auf die Füße, egal wie.

Hier
gibt's alles.
Fast alles.

Ein Büdchen, wie es nicht im Buche steht: Mariannes „Quatschladen"

Das Markenzeichen des Reviers hat eine Bierreklame über der Tür und einen Zeitungsstapel neben der Kasse. Es hat Fisch in Senfsauce im Regal und Bömskes im Glas, und außerdem eine dicke Mutter hinter der Durchreiche, die den Laden aufschiebt, wenn man auf den Klingelknopf gedrückt hat.

Nein? Nicht? Das Büdchen, diese herrliche Einrichtung, die Leute aus Dortmund und Wanne-Eickel voll ungläubiger Verzweiflung suchen, wenn es sie mal nach Bielefeld verschlägt – das Büdchen entzieht sich jedem Schema. Es gibt welche, die sehen aus wie der leibhaftige Jugendstil, andere wirken nüchtern und freudlos; und manche wieder sind von außen kaum als Büdchen zu erkennen, aber ich gebe zu, das ist die Ausnahme.

Eine dieser Ausnahmen steht im Dortmunder Kreuzviertel; einer Gegend, wo Studenten neben Alteingesessenen wohnen und, wenn's klappt, ihre unterschiedlichen Bedürfnisse unter einen Hut bringen. Und damit ist schon einiges darüber gesagt, was ein Büdchen hier bieten muß: Für die Hausfrauen das Grüne Blatt, für die Männer den Kicker und für die Studenten einen Zettel an der Tür: „WG sucht Nachmieter".

Aber das schlichte Nebeneinander bringt's natürlich nicht. Daß so ein Laden läuft, dafür braucht es etwas anderes: Integrationsvermögen. Auf Ruhrdeutsch heißt das, man muß ein Händchen dafür haben. Marianne Köthe hat es. Und so gesehen ist sie wohl eine typische Büdchen-Mamma, auch wenn sie nicht so aussieht.

Seit einem Jahr schmeißt sie das Lädchen, zusammen mit ihrer Freundin Ulrice. Die beiden haben ein Warensammelsurium, das nicht breit, aber bunt ist und in der Mischung noch ein Spur verrückter als anderswo: Rasierpinsel und Dosenwurst; Glanzbilder, Fahrradpumpen und uralte Schreibfedern, für die es kaum noch Halter gibt. Aber auch Schreibmaschinenpapier, Kaffee, Badeschaum und die waz; und von ihrem preiswerten Mosel schenken sie ungerührt eine Weinprobe aus, auch auf die Gefahr hin, daß mancher „Kunde" nur mal eben

49

reinkommt, um unverbindlich und schnell einen zur Brust zu nehmen: „Na und, ach je, was soll's."

Im Schaufenster liegt nichts von diesen Köstlichkeiten. Sollen die Leute doch selbst merken, was es hier alles gibt! Nein – im Schaufenster stehen handgeschnitzte Autos und Eisenbahnen; liebevoll überschattet von einer Palme: „Blumen find' ich schöner", sagt Marianne Köthe, und dazu schlägt die uralte Bimmel über der Tür.

Also, was denn nun – alternativer Laden oder Nostalgie-Büdchen? „Emma" oder „Tante Emma"? Die Antwort ist so einfach, daß man lachen möchte: Die Glanzbilder stammen von der alten Frau Meier, die hier vor 20 Jahren vor der Theke stand und die von allem soviel eingekauft hat, daß die Reste immer noch auf ihre Käufer warten. Und das Holzzeugs bastelt ein Bekannter zu erschwinglichen Preisen. So ist das; das hat mit irgendwelchen Überzeugungen nichts zu tun.

Hier ist alles ein bißchen anders als erwartet. Pornos zum Beispiel – da ist Marianne Köthe strikt dagegen. Aber den Playboy bietet sie an mit dem umwerfenden Argument: „Weil er verlangt wird." Liebesromane verkauft sie, ohne sich auch nur im Traum Probleme zu machen; da guckt sie selbst schon mal rein. Aber Streusalz gab's den ganzen Winter über nicht, obwohl die Leute immer wieder danach gefragt haben: „Nöö – wir streuen ja auch nicht. Das sollen sie woanders kaufen."

50

Eigentlich wollte sie das alles gar nicht. Viereinhalb Jahre hatte sie in dem Lädchen hinter dem Tresen gestanden, dann suchte der Chef einen Käufer. Und Marianne dachte gar nicht daran, zuzugreifen: „Ich bin nicht so'n Risiko-Mensch." Aber dann meinte ihr Mann, ein praktisch denkender Handwerker: komm, die Kinder sind groß, du wolltest dir doch immer was suchen. Tja. Und dann sprach sie mit ihrer Freundin, die war arbeitslos; und sie beschlossen, daß die 30 000 Mark Startkapital, verteilt auf zwei, ein gar so großes Risiko denn doch nicht seien.

Sie arbeiten im Schichtdienst, von sechs Uhr morgens bis abends um halb sieben. Aber starre Dienstpläne gibt es nicht, nur das freundliche Prinzip; Was hast Du heute vor? Hast Du morgens mehr Lust oder nachmittags?

Marianne Köthe ist es gewöhnt, auf dem Weg zum eigenen Taschengeld ungewöhnliche Pfade einzuschlagen. Die Kinder kamen, als sie selbst noch sehr jung war, und als sie auf die 30 ging, hatte sie es satt, zu Hause zu sitzen. Von Selbstverwirklichung im Beruf träumte sie nicht; das erleichterte die Sache. Marianne Köthe wußte der Teilzeit-Arbeit positive Seiten abzugewinnen, und ihre Organisationsprobleme löste sie schon damals mit bemerkenswerter Findigkeit: „Meine Freundin und ich, wir haben gemeint, wir müßten ein bißchen Geld haben. Und wir haben uns überlegt: Eine von uns geht arbeiten, und die andere nimmt die Kinder; sie hatte ja auch zwei. Ja, und am Monatsende haben wir geteilt, was ich verdient hatte."

Reichtümer nehmen sie auch heute nicht ein – „das sind ja immer nur Pfennigbeträge!" Etwas sauer erzählt sie, wie sie kürzlich einen Mann traf, der ihr erklärte: Ich bin ihr bester Kunde, ich kauf jeden Morgen die Zeitung bei Ihnen. Dafür können Sie mir mal einen ausgeben. „Find' ich gar nicht komisch", sagt sie.

Die Männer sind überhaupt ein gewisses Problem. Manchmal kommt ein Betrunkener rein, der über Gott und die Welt räsonniert, sich an Sport und Politik festbeißt und seinen Ehekrach loswerden will. „Wenn es zu toll wird, sag ich: jetzt aber raus! Und manchmal nehm' ich ihn dann auch bei der Hand und führ' ihn vor die Tür."

Ein einziges Mal hat einer sie angefaßt, aber das ist lang her. „Da kam morgens um sechs einer rein, son Kreuz und ich sag: Was wünschen Sie? Da grabscht der hinter die Theke und sagt: dich!" Damals, sagt sie, war der Chef noch da, der kam aus dem Hinterzimmer geschossen und ging dem Burschen an die Krawatte. Aber Angst hatte sie nicht. Im übrigen hatte sie das häßlichste Erlebnis in dieser Richtung nicht mit einem alten Trunkenbold, sondern mit einem biederen Beamten – als die beiden Frauen damals zum Gewerbeaufsichtsamt kamen und der Mann hinterm Schalter mit breitem Grinsen fragte: Na?? Was für ein Gewerbe wollen sie denn anmelden? Heute, sagt

Marianne Köthe, würde der eine passende Antwort bekommen: Der Umgang mit Rüpeln übt ja doch.

Im Lädchen herrscht ein fröhlicher Ton. Als sie neulich saubermachen mußten, weil der kleine Kohleofen mehr Dreck als Wärme produziert, haben sie dabei soviel Spaß bekommen, daß die Leute von der Straße reinkamen, um zu sehen, was die Frauen da zu lachen hätten.

Auch daran läßt sich natürlich ablesen, auf welch zwanglosem Fuß die Nachbarn mit ihren Büdchenfrauen stehen. Zwanglos und herzlich: „Eigentlich ist das ein richtiger Quatsch-Laden", sagt Marianne Köthe mit schöner Selbstironie. Aber sie weiß, daß darin der spezielle Charme des Lädchens liegt. „Manche reden sich hier den Kummer von der Seele", sagt sie, „und da muß man zuhören und Verständnis zeigen – sonst gehen die in den Konsum, da kaufen sie billiger ein." Ich kann mir nicht helfen – ich empfinde diese Verbindung von Gewieftheit und Menschlichkeit als erfrischend.

Ideen haben sie genug. Marianne und ihre Freundin. Abends bis zehn zu öffnen – oder ein paar runde Tischchen aufzustellen und Kaffee auszuschenken – oder den ganz dollen Renner zu finden, irgendwas, was die Kunden in Scharen in den Laden lockt, sie wissen nur noch nicht, was – „ja, da denken wir drüber nach," sagt sie und lacht so locker, daß man sich hektisches Umbauen auf keinen Fall vorstellen kann. „Aber wir reden und planen immer, und wie die Wirklichkeit dann aussieht..."

Ich hab' mich da langgefressen

Fast 35 Jahre unter Tage

Er hat zwanzig Prozent Staublunge, und an der rechten Hand fehlt der Mittelfinger. Aber davon spricht Anton Rieger kaum. Unglücke, sagt er – „was man so Unglücke nennt. Einmal war ich dabei, wie einer nen Stein ins Kreuz gekriegt hat; war so'n kleiner Stein nur, da haben wir schon andere abgekriegt, aber der hat zwischen zwei Wirbel getroffen: querschnittsgelähmt. Und einmal haben wir im Mergel gestanden, bis an den Hals. Aber ein richtiges Unglück, mit Schlagwetter – nee. Da hab' ich Glück gehabt."

35 Jahre ist Anton Rieger Bergmann, vierunddreißigeinhalb unter Tage, aber wer glaubt, er hätte es endlich satt, der irrt. Mit unfaßbarem Gleichmut spricht er vom Kriechen im niedrigen Streb, vom scharfen Zupacken im Gedinge, von den mörderischen Temperaturen in 900 Metern Tiefe. Er ist jetzt 51, aber ob er beizeiten in Rente geht, das weiß er noch nicht. „Mal sehen, wie's mit der Gesundheit wird..." Ich sehe ihn an: ruhiges Gesicht, die großen Hände gelassen im Schoß. Und ich frage mich: Wie wird man so? Was hat dem Kohlenhauer Anton Rieger diese Unerschütterlichkeit gegeben, die ihn die Schultern zucken läßt, wenn man ihn fragt nach der Schwere seines Berufs? „Schwer?" fragt er zurück. „Ich kann mich nicht beklagen. Ich bin – nicht unzufrieden. Ich bin gerne Bergmann."

Er ging auf den Pütt, weil er keine andere Chance hatte. Anton Rieger erzählt leidenschaftslos: Wie er damals gesagt hat, is gut. Und sich beworben hat. Aber die Geschichte, die dahinter steckt, ist voller Sorge und Verzweiflung.

Der Zwölfjährige wird mit seiner Mutter aus dem Egerland in die Oberpfalz ausgesiedelt: der Vater bleibt vermißt. 54 Mark Rente, und nach der Schule findet der Junge keine Lehrstelle. Beim Arbeitsamt hört er: Im Ruhrbergbau suchen sie Kumpel. Da sagt er: Also. Bergbau.

Der Mutter war es nicht recht, soviel räumt er ein. Ganz ohne ein Zögern vor dem Entschluß, allein wegzugehen; ganz ohne Nachdenken über das, worauf man sich da einließ, ist es also doch nicht abgegangen. Aber Anton Rieger war 14, und er wußte nur eins: daß er zu Geld kommen mußte, irgendwie. „Ich hab mir als Kind nicht vorgestellt, daß ich auf den Pütt gehe", sagt er einmal unvermittelt, aber weiter gibt er dazu keine Auskunft. Über widerstreitende Gefühle nachzudenken, die ihn im Laufe seines Bergmannslebens erfaßt haben mögen, das überläßt er anderen. Er ist ein Mann, der tut, was zu tun ist. Über Dinge, die er nicht ändern kann, wird er sich nicht aufregen.

Ungewöhnlich ist das nicht, im Gegenteil. Der Waggon, der Anton Rieger nach Recklinghausen bringt, ist voller Jugendlicher, 80, 90 Mann; die sind ja nicht alle verzweifelt. Die suchen Arbeit, und da, wo sie hinfahren, gibt es welche. Was wollen sie mehr?

Anton Rieger wollte nie mehr, als was das Schicksal ihm zuteilte. Mit 15 fing er die Lehre an, mit 16 durfte er unter Tage. Ja, er sagt: durfte. Und er hat recht. Warum ist er denn Bergmann geworden, wenn nicht zum Geldverdienen?

Anfangs gab es wenig genug, drei Mark neunundsechzig pro Schicht; das machte fünf Mark Taschengeld die Woche, der Rest ging ans Lehrlingsheim und aufs Konto. Waren Sie unzufrieden? „Naja" sagt Anton Rieger, „große Sprünge konnte man davon nicht machen, und wenn man geraucht hat – naja." 35 Jahre ist das her, aber lebhaft, als wäre es gestern gewesen, erinnert er sich an das einzige Vergnügen: „Grundsätzlich samstags abends waren wir in der Nachtvorstellung.

Schauburg. Was andres gab's nicht." Nur ein Nebensatz deutet, ungewollt, die Mühsal dieser Jahre an: „Weil wir ja Samstag arbeiten mußten. Sechs Tage."

Auf Blumenthal hat Anton Rieger damals angefangen, und auf Blumenthal ist er heute noch. Nach der Lehre geht er ins Ledigenheim, mit 21 heiratet er. Den Block, in den er einzieht, hat er nicht wieder verlassen; gerade, daß er eine größere Wohnung genommen hat, als die Kinder kamen. Anton Rieger ist nicht der Mann, der die Neuerung sucht.

Und er ist auch nicht der Mann für Auseinandersetzungen. Gern sagt er: „Es liegt an jedem einzelnen selber." In der Gewerkschaft ist er Mitglied, mehr nicht.

Die Grube ist sein Leben. Hier ist er der Experte, der immer wieder mit Fragen gebremst werden muß: Wie funktioniert das, ein Reibungsstempel? Was ist der Panzer? Was meint er mit „vorhängen"? Anton Rieger lächelt geduldig und macht mit Zigarettenpäckchen und Streichholzschachtel vor, was er meint: „Wenn Sie hier den Ausbau haben, also hier ist der Ausbau, und hier steht die Kohle – ja? Dann müssen Sie das ja erstmal lösen. Damit Sie da Platz kriegen. Und dann können Sie oben, unterm Hangenden, sagen wir mal auf Deutsch: Decke – ne einskommazwanzig-Meter-Kappe, die wird da vorgeklinkt. Da kann man eine vor die andere klinken, und da haben Sie immer was überm Kopf." Er sieht mich fragend an und ich nicke: Da spricht er schon weiter.

Er kennt seine Arbeit von allen Seiten, auch von den schlechten, aber das wird ihn nicht hindern, solidarisch von ihr zu reden. Selbstverständlich ist seine Kritik und sachverständig, aber ins Abwertende läßt er sie nicht entgleiten. Ruhig erklärt er, daß mit dem schnelleren Abbau heutzutage mehr Staub entsteht als früher, und die Wasserbedüsung reicht natürlich nicht aus, um das restlos wieder wettzumachen.

Aber daß sich die Lage verschlechtert hätte – nein, das läßt er nicht gelten. „Das will ich nicht sagen" – und setzt, liebenswürdiger Widerspruch, hinzu: „Aber es hat sich dadrin auch nix gebessert. Im Gegenteil."

Er hat immer am liebsten da gearbeitet, wo Störungen im Streb waren, Ausbrüche; das Schwierige hat ihn gereizt, weil er da sehen konnte: Ich schaff das. „Das ist doch irgendwie – wie soll ich sagen? Ne Genugtuung. Und wenn bloß ein Hohlraum entsteht: Wenn die Kohle weg ist. Da hat man doch gesehen, daß man sich da langgefressen hat." Langgefressen – besser kann man dies Leben nicht beschreiben.

Glänzen muß diese Spur nicht. Nee, sagt er, Steiger wollte er nie werden. In der Zeit, als die Möglichkeit bestanden hätte – „64, 66, wie es losging mit der Kurzarbeit, und später dann das Zechensterben, da wurden die Steiger echt getreten. Von oben. Und die unten haben sich auch nicht alles gefallen lassen." Er sagt es gar nicht mal spöttisch: „Nach oben konnten sie nichts sagen, die hatten ja vielleicht Ambitionen, Fahrsteiger oder was zu werden – da wurde alles geschluckt. Ja, und was war? Einen haben wir gehabt, der war sechs Wochen in der Nervenklinik."

Er sucht sich seinen Weg im Gangbaren. Seit sieben Jahren bildet er die Berglehrlinge aus. Da ist er immer noch unter Tage, natürlich, aber doch immerhin im Ausbildungsrevier, wo die Luft nicht ganz so staubig ist und die Temperatur angenehm, nur 26 Grad, sagt er zufrieden.

Das ist eine Karriere, die zu ihm paßt: gerade so weitreichend, daß er eine Erleichterung hat; nichts Großartiges, nichts, was ihn hinausträgt über die andern. Wenn man ihn hört, ist es auch eher nebenbei dazu gekommen: „Ich war lange vor Kohle, und dann auch Ortsältester – also, ich bild' mir ein, ein einigermaßen guter Bergmann zu sein."

Ich muß immer auf die Hände sehen. Und der Finger? frage ich schließlich doch leise. Wie ist das passiert? „Steinfall", sagt Anton Rieger sofort, ohne die Frage übel zu nehmen. „Wir waren am Hobeln, und eh' Sie gesehen haben, gab es ein' Schlag, und der Finger war im Handschuh."

Und als wollte er mir noch einmal vorführen, wie man mit dem Leben umgeht, fügt er hinzu: „Die wollten mich schwarz in die Knappschaft fahren – da hab ich gesagt, ich wasch' mich erst. In der Knappschaft, da wirst du erst verdoktert und dann kommst du in die Wanne. Da kommst du halb dreckig sonst wohin."

Eine
Elite für ein
Feld voller Disteln

Von Kaminskis Volkssternwarte
zur Privat-Uni Witten/Herdecke

Er ist ein Schily. Zweieinhalb Stunden lang hat er konzentriert und lebhaft über Hochschule, Staat und Bildung gesprochen. Als ich ihn endlich nach seinem Bruder Otto frage, reagiert er überraschend: Er nickt. Nach allem, was ich in den vergangenen Stunden gehört und gesehen habe, hätte ich erwartet, daß er sich in seinem Sessel zurückzieht und abweisend die Lippen aufwirft: „Ich führ mein Leben, mein Bruder führt seines" - so etwa, hätte ich gedacht, würde er antworten. Stattdessen gibt Konrad Schily bereitwillig Auskunft über brüderliche Herzlichkeit und Lust am produktiven Streit. Mein Erstaunen über diesen Grenzübertritt ignoriert er.

Er ist ein Mann, der überrascht. Es ist ein heißer Frühsommertag, aber in den hohen Räumen der Wittener Villa, in denen der Universitätsverein untergebracht ist, bleibt es angenehm kühl. Konrad Schily kommt spät aus einer Sitzung, noch im Eintreten fragt er schnell: „Hat man Sie gefragt, ob Sie Kaffee möchten oder Tee?" Ich weiß nicht, ob er meine Antwort hört. Fast ohne Pause fährt er fort: „Sie sind Journalistin. Was machen Sie sonst noch? Philosophie? Geschichte?"

Wer hier die Fragen stellt, ist schnell geklärt. „Ich bin ein verrückter Deutscher mit einem verrückten Plan", hat er vor Jahren irgendwo gesagt; aber er denkt nicht daran, zu dieser verrückten Formulierung Stellung zu nehmen. „Wenn das ein Bonmot ist, was ich bezweifle..." Er überläßt es mir, das Wortspiel als Antwort zu akzeptieren.

Eine Dreiviertelstunde lang spricht er über die Unsinnigkeit, die Bildung dem Staat zu überlassen. Mit großer Eindringlichkeit zieht er Satz um Satz aus einem unerschöpflichen Vorrat; mit einer Betroffenheit, die fasziniert, weil sie mit äußerster Distanz formuliert ist, beschreibt er die Prozesse, die zum Entstehen der Privat-Uni Witten/Herdecke geführt haben.

Und er ist auf der Hut. An schnelle Übereinstimmung glaubt er nicht. Was wittert er hinter den Fragen, daß er sie alle zunächst mit „Nein" beantwortet? „Der Staat muß in der Bildung auf Gleichheit aus sein", sagt Schily und fügt hinzu: „Der Staat muß dafür sorgen, daß jeder bei

Rot an der Ampel hält und Ausnahmen nur per staatlicher Hoheit gegeben werden. Wenn man mit der Feuerwehr durchwill." - „Und Sie wollen also mit der Feuerwehr durch?" frage ich schnell. Die Antwort ist ein gedehntes Nein. Es gilt mir ebenso wie dem allzu schlichten Bild: „Es ist im Prinzip nicht vorher beschreibbar, wer eine Erkenntnisgrenze durchbricht", übersetzt er nach kurzem Zögern ins Akademische. Und ich denke: Leicht macht er es weder sich noch mir.

Das kann er wohl auch nicht. Was er mitteilen will, ist nur zum Teil in Worte zu fassen: Aber hinter all den klugen Sätzen von der Freiheit der Hochschule, in all den Zitaten von Foucault und Hegel steckt eine ganz ungebrochene Lust am Praktischen, ein ganz klares Interesse an den Menschen und dem, was sie tun.

Aber - an welchen Menschen? Hat diese private Uni mit ihren Tausenden an Bewerbungen und den ungewöhnlichen Auswahlkriterien nicht den Ruf, eine Elite auszubilden? Konrad Schily verzieht geringschätzig den Mund. „Chancengleichheit? Was macht denn der Staat? Der nimmt die Abiturienten, die Eins-Komma-Soundsoviel haben. Und macht so eine sehr merkwürdige, sehr formale Elite."

Der Vorwurf trifft ihn sichtlich nicht. Wie spielerisch nimmt er ihn auf; an Hamlet mit dem Totenschädel muß ich denken, wie er das Wort „Elite" so nach allen Seiten wendet: von dem Bewerber erzählt, der mit einem Notenschnitt von 2,8 angenommen wurde, weil er sich bis zum Abitur den Fächern Deutsch, Geschichte, Mathematik gestellt hat, obwohl er nicht zu den Besten gehörte: „Der bleibt doch interessant, der Mann!" oder von dem Mädchen, das 40 Kilometer mit dem Fahrrad fuhr, um Geige spielen zu lernen: „Das interessiert uns mehr, als wenn jemand das Instrument beherrscht, weil das in der Familie üblich ist."

Elite? Mit einer einzigen Handbewegung wischt er die gängige Definition vom Tisch, deutet neu und handfest: „Elite in unserem Sinne hat nie mit Privilegien zu tun - sondern zeichnet sich darin aus, daß einer die Ärmel aufkrempelt und in die Disteln greift." Mit sichtlicher Genugtuung wirft er ein, daß in Witten 40 Prozent Arbeiterkinder studieren - so viel hat keine andere Uni zu bieten - und wendet schließlich klug die Kritik in ihr Gegenteil: Nicht die Auswahl der Studenten solle eine Auslese der Besten sein, sondern das Ergebnis der Ausbildung. „Wir sagen: Wir sind nicht dazu da, euch das Geigenspielen beizubringen, sondern um euer Geigenspiel zu vervollkommnen." Ich unterdrücke die Frage, was er denn immer mit der Geige hat.

Der Vater war Hüttendirektor in Bochum. Anthroposoph - ja. Schily nickt; auch, daß sein Vater im Dritten Reich Schwierigkeiten hatte wegen dieser Weltanschauung bestätigt er. Aber in angenehmer Zurückhaltung stellt er richtig: „Man sollte das nicht so sagen. Mein Vater gehörte sicher nicht zu den extrem Verfolgten, er hat schlicht ab und zu im Gefängnis gesessen. Und das hatte wohl auch nicht nur mit der Anthroposophie zu tun. Er hatte zu viele Freunde, die Juden waren, zu viele Freunde, die Engländer waren: Er war ein verdächtiger Mensch." Die Einflüsse, die ihn prägten, beschreibt Schily denn auch weniger als anthroposophisch, sondern als liberal.

16jährig begeistert er sich für einen mittelalterlichen Astronomen. Zuerst beguckt Konrad Schily Sterne, in Kaminskis Volkssternwarte, die damals gerade entstanden ist. Aber das genügt ihm bald nicht mehr. Harmlos beschreibt er sein Erkenntnisinteresse: „Sie wissen, in Bochum ist der Sternenhimmel meistens bedeckt, und wenn's klar war, dann konnte man mehr Staubwolken besichtigen als intergalaktischen Staub. Da habe ich mir gesagt, ich muß die Sache mal anders angehen." Johannes Kepler ist der Mann, der ihn fesselt. Bezeichnend genug: Nicht um abstrakte Wissenschaft geht es Schily oder um den bloß sinnlichen Sternenhimmel. Er will den Menschen kennenlernen, der beides entdeckt.

Daß er Arzt wird, hängt mit Lehrern zusammen, die ihn an der Waldorfschule beeindrucken. Andere persönliche Erlebnisse deutet er nur an; bescheidener Hochmut: Er geht nicht hausieren mit den Dingen, die ihn berührt haben. Er wird Neurologe, das Gemeinschaftskrankenhaus Herdecke erscheint als zwangsläufige Station in diesem Leben. Die Privat-Uni auch.

Als dann endlich der Name Otto fällt, lacht er, hier ganz unempfindlich. „Mit den Grünen wär ich ja nicht gegangen, und mein Bruder hat's da ja wohl auch inzwischen schwer, oder?" Er spricht gern über ihn, gern und aufgeräumt. Auch über die anderen Geschwister, die er nachdenklich und vergnügt charakterisiert: „Mein ältester Bruder ist Arzt in Bochum - ich sage: Das ist der Kluge. Meine Schwester ist außerordentlich tätige Mutter, hat zehn Kinder und führt ein tolles Haus; das ist die Tüchtige. Und der Otto Schily, der ist halt - auch sehr intelligent; das ist der Politische."

Die Tüchtige, der Kluge, der Politische - und was ist mit Konrad Schily? Die Frage stürzt ihn in tiefes Nachdenken. „Das - weiß ich nicht. Das ist - völlig neu. Ich hab das noch nie so für mich...' Ich will das lange Zögern schon unterbrechen, da lächelt er plötzlich und gibt seiner Neigung zum Wortspiel noch einmal nach: „Irgendwann habe ich mich mit meinem Bruder gestritten, und er sagte: Er ist der Berühmtere. Und ich habe geantwortet: Aber ich bin der Bedeutendere!" Dann, nach dem Lachen, denkt er noch einmal lange nach. Und bleibt schließlich die Antwort schuldig.

Die
sagen alle
„Mutti" für mich

Die Fernfahrer
zwischen Frankfurt und Bremen wissen,
wo es schmeckt

Es schneit. Nasse, eklige Flocken klatschen an die Windschutzscheibe; Autofahren macht keinen Spaß bei diesem Wetter, auch wenn die A 45 leer und Dortmund nicht mehr weit ist. Hinter Lüdenscheid zeigt eine weiße Tasse auf blauem Grund: Hier gibt's Kaffee. Na gut - eine Tasse im Stehen kann nichts schaden, auch wenn das Zeug wahrscheinlich lauwarm ist und viel zu teuer; egal, ich habe den Blinker schon gesetzt.

Auf dem Parkstreifen vor dem Kiosk überfällt mich neuer Zweifel. Es ist eines von diesen armseligen Betonbüdchen, wo man seinen Magen knurren läßt, wenn man ihn liebt; außerdem scheint es voll zu sein: Ein Brummi steht hinter dem anderen, einer aus Bremen, einer aus Belgien, einer aus Frankfurt. Ach was, jetzt bin ich einmal hier. Ich gehe hinüber und mache die Tür auf. Und stehe mitten im Wohnzimmer.

Ja - oder was ist das hier sonst? Der schmale Raum hat nichts, aber auch gar nichts mit der Resopal-Herrlichkeit zu tun, die ich in einer Autobahn-Raststätte erwartet hätte. Stattdessen sehe ich Holztäfelung und Blumenbilder an den Wänden, kupferne Lampen und auf den Tischen rotbunte Decken, mit Vasen und dicken, braunen Milchtöpfen drauf. Übrigens ist es knallvoll.

An jedem Tisch sitzen mindestens zwei Männer; fast alle essen. Durch den Raum zieht ein Duft nach Bohnen, Speck und Kaffee, daß ich schlucken muß. Bin ich das, die da an den kleinen Schalter vortritt und sagt: Einmal dicke Bohnen, bitte?! Es ist erst halb zwölf am Morgen und ich wollte doch nur... „Setzen Sie sich ruhig schon mal hin", sagt der Mann, der den Kopf durch den Schalter steckt und mich aus hundert Fältchen anlacht. „Wir bringen Ihnen das gleich."

Es ist zu unwahrscheinlich, als daß man es glauben möchte. Hier ist ein Nest, eine richtige gute Stube; so gemütvoll, mit soviel Liebe eingerichtet, daß man sich nur wünschen kann, man hätte so eine kleine Kneipe bei sich zu Hause an der Ecke. Ohne Angst vor Anmache setze ich mich zu zwei Fahrern an den Tisch.

61

Die Männer reden lebhaft, aber gedämpft. Vom Brenner erzählt einer, von Tisch zu Tisch: „Da hammse mich letzte Woche über die Waage gezogen; fahren se mal rechts raus, und dann konnt' ich zahlen." Während drei andere fachsimpeln, ob der Kollege mit 100 Schilling gut oder schlecht weggekommen ist, zieht drüben einer den Stadtplan aus der Tasche und läßt sich vom Nebenmann den Weg zu Kaiser's Kaffee beschreiben; in der Ecke haben sie die Europa-Meisterschaft drauf. Dann geht die Tür auf, und die Männer rufen fröhlich: Morgen! „Morgen", sagt Hildegard Grassmann, „ist ja mal wieder ein blödes Wetter. Na, fahrt nur vorsichtig, und ein schönes Wochenende wünsch' ich euch allen!" Schönes Wochenende, sagen die Männer, und ich klappe den Mund wieder zu und kneife mich unauffällig ins Ohr, aber von wegen träumen; ich sitze immer noch im Puppenhäuschen.

Man kommt leicht mit ihr ins Gespräch. Hildegard Grassmann ist stolz auf den Kiosk. Eigentlich schmeißt ihr Mann - der mit den hundert Fältchen - den Laden; aber sie ist die Seele vom Geschäft. Mit ihren Deckchen und geblümten Kaffeetassen und den Blumenstöcken im Fenster hat sie aus einer traurigen Würstchenbude ein liebenswertes kleines Lokal gemacht, und was die Würstchen angeht: Die ißt hier nur, wer es nicht besser weiß. Hildegard Grassmann ist gelernte Köchin; man schmeckt es, und die Fernfahrer von überall her handeln die Raststätte Kaltenborn als Geheimtip. Natürlich genießt sie es: „Die essen unterwegs gar nicht, das ist hier der Platz, hier kommen sie hin", sagt sie, und mit bescheidenem, aber unüberhörbarem Stolz verrät sie: „Die sagen alle Mutti für mich."

Sie ist wie geschaffen für diesen Job. Rund und witzig, handfest und lieb herrscht sie über die Kochtöpfe und die Ordnung in ihrem Idyll. Ja, sie ist auch Gechäftsfrau, aber vor allem hat sie ein großes Herz für ihre Gäste. Einmal ist sie einem Fahrer mit der Brötchentüte hinterher gelaufen, an der Ausfahrt hat er sie endlich im Rückspiegel gesehen: „Der hatte das doch bezahlt; und wenn er dann unterwegs Hunger kriegt..."

Warum ist sie so, warum macht sie das; immer ein bißchen mehr, als sie müßte? Warum nimmt sie dieses harte Leben in Kauf - morgens um sechs schon den Kiosk aufmachen, dann kochen mit nur zwei Frauen als Hilfe, aber immer zehn, zwölf Gerichte; servieren bis abends um neun, und dann noch sauber machen; vor elf sind sie nicht fertig, vor 12 kaum zu Hause.

Hildegard Grassmann hat ein paar einfache Lebensregeln, nach denen sie sich richtet; die hat sie erprobt im Laufe ihrer 64 Jahre und gefunden, daß sie damit gut fährt. Die erste und wichtigste heißt: Wenn ich etwas mache, dann aber auch richtig. Daraus folgt alles weitere. Sie sagt es schlicht und ohne Widerspruch zu dulden: „Das ist so - wenn Sie das hier richtig betreiben wollen, dann fällt das eigene Ich weg. Dann müssen Sie sich für diese Menschheit einsetzen."

Sie macht nie Urlaub, kennt keinen Feierabend. Der Kiosk, das ist ihr Leben, die Trucker sind alle ihre Jungens. Mit rauher Mütterlichkeit gibt sie ihnen ein Stück zu Hause, einfach so. Weil es Menschen sind. Schlampige Bedienung und schlechtes Essen - ja, sagt sie, das gibt's, gerade an der Autobahn, da haben die schon recht, die darüber schimpfen. Aber wer so was macht, der sollte sich was schämen, das ist eine Zumutung. „Der Gast ist doch nicht für mich da!"

Sie ist da anders: „Ich denk mich da rein. Sollze mal sehn, wie die hier ankommen, die sind todmüde, die haben ja auch keine Regelmäßigkeit in der Arbeit und im Schlaf. Die sind fix und fertig; haben mal Hitze, dann wieder ein Gewitter gehabt, oder jetzt wieder der Schnee. Das wirkt sich alles auf den Menschen aus. Und wenn sie dann Rast machen wollen und werden unmöglich behandelt - nich? Können Sie sich da rein denken? Wie nem Menschen da zumute ist?"

Kein Wunder, daß die Fahrer zu Hildegard Grassmann sagen: Du bist unsere Mutti. Da gibt es kein Sie zwischen uns. „Das Du", sagt sie, „das ist entsprechend - daß wir zusammengehören, nicht? Daß wir zusammen arbeiten." Eine Ahnung, was Solidarität bedeutet, kommt auf.

Ich sehe es mit Staunen, mit welcher Sorgfalt der Fernfahrer seine Serviette nimmt und den Tropfen von der Milchkanne wischt, damit die karierte Decke sauber bleibt. Und wenn sich einer schlecht benimmt (das tun immer nur Durchreisende, versteht sich), dann wird er von den Fahrern schon in seine Schranken gewiesen: „Da brauch ich gar nix zu machen, ne - die können das nämlich nicht vertragen, wenn einer so mit mir spricht." Und dann lacht sie und sagt: Das ist schön, nicht.

Wer einmal hier war, kommt immer wieder. Und wenn einer reinkommt und auf der Untertasse nach verschweißter Büchsenmilch sucht, weiß sie Bescheid: „Ja, sag ich dann, warst du denn noch gaanich hier? - Nein, mein Kollege, der hat gesagt, ich soll hier mal... Und ich sach, weiß du, woran ich das merke? Weil du nicht weißt, wo Milch und Zucker steht. Die andern, die wissen das alle", und sie zeigt auf die bauchigen Töpfe auf den Tischen.

Sie wird in dem kleinen Kiosk stehen, bis sie 69 ist, dann hat ihr Mann die Rente durch. Dann wollen sie alles nachholen, was sie versäumt haben, Reisen zum Beispiel und was von der Welt sehen. Aber - so richtig vorstellen kann ich mir das nicht. Die Autobahn-Mutti ohne ihre Jungens? Wie soll sie das denn aushalten, wenn sie nicht mehr zu ihr kommen und sagen: War toll - wie immer! Oder: Hier ist es so schön - wie früher bei uns!

Heimweh und Sehnsucht, das bleibt

Ein Lehrer für die vergessenen Kinder

Ali Dagdeviren lebt deutsch. Sein Sohn Özgül geht nicht in die Koranschule, sondern aufs Gymnasium, und wenn seine Frau Koteletts kaufen geht, dann denkt sie nicht daran, ihre Haare unter einem Kopftuch zu verstecken. Couchgarnitur, Eichenschrankwand und die üppige Spitzengardine am Fenster spiegeln deutschen Wohngeschmack; es gibt Filterkaffee aus Landhausgeschirr, englisch-rosa. Nur an der Wand hängen fremd ein bunter Teppich und ein paar Wasserpfeifen: Ali Dagdeviren kommt aus der Türkei. Seit elf Jahren lebt er in Dortmund. Fühlt er sich hier zu Hause? Da lächelt er, ein bißchen wehmütig, ein bißchen verlegen. „Wir haben uns hier gewöhnt."

Seine Sprache wird Ali Dagdeviren sein Leben lang verraten. Er redet und versteht gut deutsch, sehr gut sogar, nur der Akzent ist geblieben, und manche seiner Sätze sind merkwürdig umständlich gebaut. Aber das ist alles. Zu dem Kauderwelsch, das viele seiner Landsleute sprechen, besteht ein Unterschied, so weit wie von Dorstfeld bis nach Ankara.

Denn Ali Dagdeviren hat es eigentlich leicht. Er steht weder bei Opel am Band noch bei Prosper Haniel im Streb, sondern er unterrichtet türkische Kinder in ihrer Muttersprache. Probleme mit deutschen Nachbarn kennt er nicht. Daß er trotzdem oft große Sorgen hat, hängt vor allem mit den Kindern zusammen: „Ausländische Kinder gibt es schon seit 20 Jahren in Deutschland, aber sie waren – wie soll man sagen? Nicht Diskriminierung, das ist hart – aber es waren vergessene Kinder, sie wurden immer hin- und hergeschoben."

Dagdeviren ist Vorsitzender des Verbandes türkischer Lehrer in Nordrhein-Westfalen, einer Art gewerkschaftlicher Organisation, die sich vor allem um Schulprobleme kümmert. Typisch ist der Brief eines Vaters: daß sein Sohn nach nur drei Monaten im deutschen Unterricht in die Sonderschule geschickt wurde, weil er nicht mitkam. Der Junge spricht kaum deutsch.

Die Sprache bleibt das Hauptproblem. Dagdeviren selbst hat in einem Intensivkurs deutsch gelernt, als er vor elf Jahren aus Ankara kam. Damals verstand er kein Wort, genau wie seine Frau und Özgül, der sieben war. Der Sohn beherrscht die fremde Sprache heute perfekt, bis in den Dortmunder Tonfall hinein. Ohne Stolz erzählt der Vater, daß

Özgül in die 12. Klasse geht und so gute Noten hat, daß er daran denken kann, Medizin zu studieren. „Aber er ist nicht intelligenter als andere, viele könnten so etwas machen, wenn man sich richtig darum kümmert."

Und Dagdeviren kümmert sich,als wären sie alle seine Söhne. Keine Stunde kann er ruhig auf dem Sofa sitzen, ohne daß das Telefon klingelt. Mit dem ersten Anrufer spricht er türkisch, mit dem zweiten deutsch. Dazwischen erzählt er: Von seiner ostanatolischen Heimat; von seinem Vater, von dem er sagt: Er hat keinen Beruf, er arbeitet auf dem Feld. Über die sieben Geschwister, die es alle zu was gebracht haben (wobei „alle" heißt: die fünf Söhne, versteht sich; die Töchter helfen dem Vater bei der Feldarbeit). Und er schildert den zwar langen, aber damals keineswegs ungewöhnlichen Aufstieg des Bauernsohnes zum Lehrer: „Das hat der Staat bezahlt", sagt er, „der Vater mußte nur ein Taschengeld geben."

Dann der Weg nach Deutschland, der vor elf Jahren noch einfach war und den die Dagdevirens besonders leicht nahmen. Wie ein türkischer Dortmunder, ein dortmunder Türke mit den Vorurteilen seiner Umwelt lebt – das ist eine Frage, die Dagdeviren nicht betrifft. Er erklärt vieles mit seiner Herkunft aus Tonceli, einer Stadt, die er als besonders liberal beschreibt: Für ihn fallen vor allem die Probleme weg, die durch religiöse Vorschriften entstehen: „Bei uns sind alle Moslems", sagt er und grinst, „aber manche sind es mehr und andere weniger."

Töchterchen Özmel hat eine vielsagende Umschreibung gefunden: „Im Kindergarten bin ich deutsch. Zu Hause bin ich Türke." Aber so säuberlich trennen, das kann nicht jeder. Die „mehr Moslem" sind, haben es auch schwerer mit der Anpassung, und nur Anpassung, das kann auch nicht alles sein, meint Dagdeviren, ein bißchen was müßte doch auch von den Deutschen kommen: Wäre es nicht schon viel, wenn deutsche Nachbarn sich die Mühe machten, die Worte „mer haba" zu lernen – „guten Tag"?

Aber Dagdeviren stellt keine Forderungen, und das Wort „Ausländerhaß" nimmt er nicht in den Mund. Es setzt darauf, daß Verständnis durch Kennenlernen wächst. Er erzählt: „Im Ausländerzentrum haben deutsche Frauen eine Frau aus der Türkei gefragt, warum sie immer mit Kopftuch geht. Sie hat geantwortet, ich weiß, daß das schlecht ist, ich kann es auch weglassen, mein Mann hätte nichts dagegen. Aber dann sagen die türkischen Nachbarn: Diese Frau hat ihre Ehre verloren. Und das bleibt nicht hier, wenn sie in die Türkei fahren, sagen sie das auch zu meinem Schwiegervater. Dann kann ich dort nicht mehr leben."

In der Türkei leben – das möchten fast alle. Aber das ist nicht so einfach: „Fünfzig Prozent unserer Kollegen sind aus politischen Gründen hier", sagt Dagdeviren. Das gilt auch für ihn und seine Familie. Die Frau, auch Lehrerin, sollte nach dem Studium eine Stelle in Josgat antreten. „Eine Faschistenstadt", sagt Dagdeviren. „Wenn einer aus Toncali kommt wie wir, ist Josgat soviel wie Selbstmord." Sie gingen aus Angst nach Deutschland.

Aber die politische Bedrohung hat sie eingeholt. Dagdeviren ist Gewerkschafter, und das bedeutet für einen Türken mehr, als am 1.Mai zu singen: Brüder, zur Sonne, zur Freiheit..... Seit dem Militärputsch ist Gewerkschaftsarbeit verboten; es liegt auf der Hand, daß das Regime auch Staatsangehörige im Ausland gern unter Kontrolle hätte. Vor sechs Monaten hat die Türkei Dagdeviren und seine Frau aufgefordert, zurückzukehren und sich den Behörden zu stellen, sonst sollen sie ausgebürgert werden. Der Vorwurf: Propaganda gegen die Regierung. Die Frist ist am 10. Januar abgelaufen. Näheres weiß bis heute niemand. Wenn sie tatsächlich ausgebürgert werden, fürchten die Dagdevirens, müßten sie hier einen Asylantrag stellen, und das könnte bedeuten, daß sie zwei Jahre lang nicht arbeiten dürften.

Ali Dagdeviren nimmt sein ungewisses Schicksal überraschend gelassen hin. Vielleicht liegt es daran, daß er ständig mit einer anderen Angst lebt. Wie viele Landsleute fürchtet er, daß die Bundesrepublik ihre Ausländerpolitik weiter verschärfen wird, daß er hier weg muß. Vor der ganzen Wahrheit verschließt er vorsichtshalber die Augen: Zwar drückt ihn der Gedanke schwer, daß die Ausweisung kommen könnte. Trotzdem ist er ganz zuversichtlich, daß bis dahin die politischen Verhältnisse in der Türkei verändert sind und daß er dann doch in die Heimat zurückkehren kann: „Wenn es einmal eine westliche Demokratie in der Türkei gibt, können wir immer gehen. Was ich hier gemacht habe, das sollte nicht strafbar sein. Das ist gewerkschaftliche Aktivität."

Und zurück will er auf jeden Fall, spätestens, wenn er die Rente durch hat. „Unsere Eltern leben da. Bei uns ist es anders als in Deutschland – das Verhältnis zur Familie ist so stark für die Leute aus der Türkei! Meine Frau, wenn wir über dieses Thema sprechen, dann weint sie wie ein Kind, weil sie immer Sehnsucht hat. Heimweh und Sehnsucht, das ist immer da."

Die
Kleene,
die so hübsch sang

Erna Berger
ein Lachen wie Musik

Grau hängt der Morgen vor dem Fenster. In den Bäumen liegt feuchter Dunst, und vom Balkon-Geländer äugen zwei Tauben vertraulich durch dichte Spitzengardinen in ein Zimmer, so fein, so zierlich, als wäre es ein Bühnenbild für eine romantische Oper.

Im antiken Schnörkel-Sofa sitzt eine kleine alte Dame, Erna Berger. 84 ist sie gestern geworden; ein schönes Alter, bei dem sich ein Mütterchen mit straffem Dutt und Strickstrumpf denken ließe. Ein Alter vor allem, von dem man Abgeklärtheit, träumerisches Versinken im Vergangenen erwarten möchte; ein sanftes Hinter-den-sieben-Bergen, weitab von der bösen Welt.

Es ist elf Uhr, ihre beste Zeit, hat sie mir am Telefon bedeutet. Eine klare Zeiteinteilung, unumstößliche Stunden für den Schlaf am Nachmittag gehören zu den wenigen Zugeständnissen, die Erna Berger ihren Jahren macht. Aber hinter den sieben Bergen?

Die Dame im Sofa ist weder betagtes Mütterchen noch weltfremdes Fabelwesen. Trotzdem muß ich an Schneewittchen denken bei dieser zierlichen Gestalt in feiner Seide - ein fröhliches, bei aller Zartheit überhaupt nicht zerbrechlich wirkendes Schneewittchen allerdings, behende und lustig und mit einem ganz handfesten Bezug zur Wirklichkeit: Sie zeigt mir das Transistorradio, das sie in der Sofaecke stehen hat. Damit hört sie regelmäßig Nachrichten, und die wichtigsten schreibt sie auf, ins Tagebuch: „Vogel Bürgermeister in Berlin, Viererbande zum Tode verurteilt", liest sie mir ohne Brille vor. „Das ist doch nicht schlecht, oder?"

Wenn sie lacht, klingt es immer ein bißchen wie Koloratur. Sie lacht gern und oft mit ihrer immer noch hellen Stimme, und sie erzählt gern; am liebsten die hübschen, die lustigen kleinen Geschichten. Es gäbe auch Schlimmes, aber das überspringt sie mit einem Nebensatz: „Wir waren einmal ausgebombt, ja," Aber dann ist sie auch schon wieder bei der Musik.

Es ist ja eigentlich eine profane Erkenntnis, daß die Musik ihr Leben bestimmt hat. Aber Erna Berger, angebetetes Idol einer - ach was, mindestens zweier Generationen, strahlende Königin der Nacht, überwältigende Traviata - sie stellt es ganz ernst fest, ganz nachdenklich, so, als hätte sie nicht mit ihrer strahlenden, unglaublich ausdrucksvollen Stimme Weltruhm erreicht. Die Bilanz zieht sie kritisch, aber ohne Bedauern: „Ich habe eigentlich immer in einer Traumwelt gelebt, ich hatte immer Scheuklappen. Wenn ich heute meine Aufzeichnungen ansehe - da denke ich, ich bin direkt am Leben vorbeigelaufen. Nur gelernt, gesungen."

Ihre Geschichte zu erzählen, scheint ihr schwierig. Wer so oft gefragt wurde, wie alles war und angefangen hat, der packt die großen Ereignisse in knappe Sätze: Wie sie als junges Mädchen mit ihren Eltern nach Uruguay auswanderte; wie sie in Montevideo als Hauslehrerin Geld verdiente; wie sie als 23jährige, vom Heimweh getrieben, allein zurück nach Dresden reiste.

Ausführlich wird sie bei den kleinen Sachen, die sie behalten hat, weil sie ihr Spaß machen; zum Beispiel, wie sie sich bei der Heimfahrt aus Südamerika von der dritten in die erste Klasse gesungen hat. Da traf sie nämlich auf dem Schiff eine der musikbeflissenen Damen wieder, mit denen sie in Montevideo sonntags nachmittags zum Klavier gesungen hatte. Diese Dame prägte den bemerkenswerten Ausspruch: „Die Kleene singt so hübsch, die wollen wir mal raufholen."

Nein, sie läßt nichts willkürlich weg, und aus Vergeßlichkeit schon gar nicht. Manchmal fehlt ihr eine Jahreszahl, aber das Wichtige hat sie im Kopf. Mit großzügiger Mißachtung, nicht mit falscher Bescheidenheit übergeht sie alles Glänzende: Kein Wort über die Triumphe, die sie gefeiert hat, aber liebevoll detailliert breitet sie die Geschichte aus, wie beim Vorsingen in der Dresdner Staatsoper der Intendant die rätselhaften Worte sprach: „Ich habe gehört, Sie leben bei Ihren Tanten. Da können Sie ja nicht auf die schiefe Bahn geraten." Erna Berger amüsiert sich königlich, wenn sie erzählt, wie sie damals zu ihren alten Tanten ging und fragte: Ihr, was issen das, die schiefe Bahn? Und wie die Tanten gekichert haben und auch nicht wußten, wie sie's dem Kind erklären sollten.

Sie fängt als kleine Soubrette an, für achtzig Mark im Monat. Mit 34 ist sie ein Star. „Aber ich war ja nie ehrgeizig", sagt die kleine Dame und rückt gedankenvoll die Tischdecke akkurat auf Kante. „Ich habe nie gesagt: Jetzt will ich das mal singen, oder das. Das haben immer andere für mich gemacht, die sagten: Das ist wunderschön, Erna, das machen wir's nächstemal. Und ich hab's gemacht."

Sie lenkt nicht, strebt nach nichts - ohne zu zögern, gibt sie das, was ihr das Wichtigste ist: die Musik, in die Hände derer, denen sie vertraut - nicht zuletzt in die Hände des Mannes, den sie liebt.

Er übernimmt die Aufgabe gern, wird so etwas wie ihr Manager - „der

Hausvater", nennt sie es liebevoll. Er gibt seinen Ingenieur-Beruf auf; wählt aus, was sie singen soll, kocht für sie, verwaltet ihr Geld. Von Außenstehenden wird er mit „Herr Kammersänger" angeredet. „Aber er sah auch so gut aus!" Die gefeierte Sängerin läuft mit fünf Mark in der Tasche durch Berlin, ohne einen Gedanken an dies Mißverhältnis zu verschwenden: Sie findet alles wunderbar und in Ordnung. „Ich brauchte ja nichts!"

Erst viel später, erst aus der Einsicht des Alters heraus erkennt sie, daß das, was ihr das Glück bedeutete, für den Mann unerträglich war. Heute versteht sie, „daß es für ihn wahnsinnig schwer gewesen sein muß, eine berühmte Frau zu haben." Die Ehe hält nicht, mit 50 ist Erna Berger wieder allein. Mit großer Klarheit zieht sie die Konsequenz: „Man sollte nicht heiraten."

Und sie fängt neu an. Mit gewaltiger Energie zwingt sie sich eine zweite, eine Weltkarriere ab; nicht in einem neuen Fach, wie andere Sängerinnen, wenn sie 50 werden: „Ich hätte die Aida singen können, mit der Stimme hätte ich das gekonnt, leicht. Aber ich war einen Kopf zu klein dafür - und die wollten Koloratur, Koloratur, Koloratur. Also: Königin der Nacht."

Es fällt ihr nicht zu wie in früheren Jahren. „Ich mußte an die Kandare", nennt Erna Berger das. Sie bleibt nicht ruhig, wenn sie davon spricht, unterstreicht erregt mit den Händen, demonstriert zuletzt hörbar, was sie meint: „Da oben bei der Traviata, ich glaube, das ist ein Des, dieses Dii-dadidada; dii-dididada, diii-dadiddela-dumm!" Um das noch singen zu können, braucht sie eine ausgefeilte Technik; sie macht es wie Caruso: „Ich habe mich gegen die Wand gestemmt und den Ton rausgedrückt, und dann immer ein bißchen weiter weg von der Wand. Und dann ging es."

Erst mit 67 Jahren gibt sie ihr allerletztes Konzert, an der Hamburger Musikhochschule, wo sie acht Jahre lang die Meisterklasse geleitet hat. Mit 71 geht sie in den Ruhestand. In eine Welt, in der es nur noch wenig, sparsam dosierte Musik gibt.

O nein, sagt sie, sie vermißt nichts. Auch die Musik nicht. „Es strengt mich maßlos an. Manchmal, wenn ich ausgeruht bin, höre ich furchtbar gern Musik. Aber so nebenher, da kann ich nicht mehr, abends schon gar nicht. Dann singe ich die ganze Nacht." Manchmal ertappt sie sich, wie sie vor sich hinsingt: Dann hält sie inne und spricht stattdessen mit ihren Blumen, oder mit den Vögeln auf dem Balkon.

Jetzt sieht sie doch ein bißchen müde aus. Leise will ich gehen, ich möchte dieses Puppenheim mit seinen wunderschönen alten Möbeln auf Zehenspitzen verlassen - aber da hält Erna Berger mich zurück. Sie muß mir noch ihre Küche zeigen: „Ich geh' jetzt zum Kochen über", sagt die 84jährige, wieder hellwach. Und ich frage mich staunend, was von diesem putzmunteren Schneewittchen wohl noch alles zu erwarten ist.

Kumma - jetzt kann ich auch schon ‚Exponate' sagen!

Ein kreatives Chaos

Nachdem der akademische Herr geendet hat und alle die eindrucksvollen Worten von der ästhetischen Reflexion undsoweiter in der Luft hängen - nachdem die Menschen im Saal mehr als nur höflich geklatscht und sich dann auf die Schmalzstullen am Büffet gestürzt haben - und bevor sich nun die Menschen mit dem Fettbrot in der Hand auch des Künstlers bemächtigen können, um ihm die dringliche Frage zu stellen, ob das da im Hintergrund des Bildes ein Stuhl sei oder ein WC-Becken - in dieser schönen Sekunde der Stille vor dem Halali schlenzt Hans Karl Steffen hinter meinem Rücken vorbei und flüstert: „Mensch - die Leute glauben wirklich, das bin ich!"

Die Hosenträger, mit denen er die Jeans überm liebenswürdigen Bauchtönnchen festhält, hat er heute unter einer Strickweste und einem ordentlichen Jackett versteckt - Zugeständnis an die Gesellschaft. Na ja. Vielleicht auch nur an die Kälte.

Unter all den Damen in adrett gemusterten Kleidern; den Herren, die vor dem Bild „November-Schnee" sonor ausrufen: „Na, das konnten wir ja gerade erleben!"; unter diesen wohlmeinenden Menschen, die der Ausstellungseröffnung beigewohnt haben, wirkt der Künstler wie ein freundlicher Troll, lieb und absonderlich, mit seinen Apfelbacken und dem rührenden Vergnügen an dem Rotweinglas in seiner Hand, und mit dem langen, etwas schütteren Bart, den er streicht, wenn er verlegen ist; und jetzt ist er verlegen.

Sein Dankwort an den Redner, kurz und erfrischend und in der Ironie nur auf sich selbst gemünzt, lautet treffend: „Was kann ich da noch sagen, nachdem ich nun weiß, wie toll das alles ist, was ich mache." Dafür müßte man ihn ja wohl eigentlich küssen.

Wir haben lange geredet vor der Ausstellung, über seine Bilder und über ihn. Was er nicht leiden kann: wenn einer so viel Wind macht. Der Beuys zum Beispiel, sagt Steffen, von dem hält er unwahrscheinlich viel, aber wenn der Mann den Mund aufmacht - um Gottes willen.

„Oder wenn die Leute anfangen zu erzählen, wo sie alle studiert haben, dann krieg ich Anfälle, da verschütt' ich Kaffee! Entweder ich kann malen oder ich kann's nicht: Ich stell' jetzt in Bochum 50 Exponate aus..." Er stockt. Und kichert in seinen Bart: „Kumma, ich kann schon Exponate sagen!"

Natürlich hat es seinen Grund, daß er so gegen die wortgewaltigen Studierten wettert. Steffen hat nie eine Akademie von innen gesehen. Er ist ein Urmaler, ein Autodidakt, der auf die Frage, wer ihm denn gezeigt hat, was eine Perspektive ist, bescheiden antwortet: „Es gibt eine Perspektive, die ist unerreichbar für viele Maler, die können ruhig studiert haben - das ist die Steffen'sche. Die stimmt hinten und vorne nicht."

Dafür dient sie dem Lebensunterhalt. „Was wir brauchen, das muß ich alles zusammenpinseln", sagt Steffen und zählt mir seine Familie auf: vier Kinder wie die Orgelpfeifen; Emily ist gerade fünf. Elisabeth, die 17jährige, führt neben der Schule den merkwürdigen Haushalt.

„Das ist hier Wildwest", sagt Steffen entschuldigend, als er meinen prüfenden Blick bemerkt. In der Tat, ein bürgerliches Heim ist das nicht. Betten gibt es, einen Tisch, für jeden einen Küchenstuhl. Aber die Wände hängen voller „Steffens", und auf dem Küchenschrank thront ein riesiges Segelschiff: „Ich würde mir sowas nie hinstellen - aber ich hab' mal gesehen, wie ein paar Studenten da mit Pfeilen drauf geworfen haben, sehen Sie? Hier an der Seite ist es total kaputt. Jetzt gefällt es mir."

Im Atelier herrscht etwas, das man freundlich „kreatives Chaos" nennen möchte. Mit heiterer Nachsicht beobachtet Steffen, wie ich mit dem Ellenbogen ein freies Plätzchen auf der Tischkante wühle zum Aufstützen, zwischen alten Konservendosen, in denen Pinsel stehen, zerknüllten Zetteln, Holzspänen, Aschenbechern voller Kippen. Arbeiter, denke ich. Er war doch mal Arbeiter. Wie kann ein Mann, desdessen Vater auf der Zeche war, in dieser Bohéme leben?

Er war auf allen Straßen Dortmunds unterwegs, als Bauarbeiter mit der Teermaschine, als Straßenfeger. Zu Hause malte er südliche Landschaften und so was. Dann verschaffte ihm eine Nierenkrankheit einen Job im Warmen und einen Karriereknick: Er wurde Museumsdiener im Dortmunder Ostwall-Museum; der schärfste, den sie da je hatten. „Ich ließ da keinen dran - ich hätte gebissen, hätte die über die Brüstung geworfen. Das waren alles meine Bilder!"

Es war eine gute und gleichzeitig eine schlechte Lösung. Gut, weil Steffen eine Fülle von Anregungen bekam. Schlecht, weil er sie nicht verkraften konnte, weil sie ihn hinderte, einen eigenen Stil zu finden. Er ging zur Post, Bahnwaggons ausladen.

Damit kein falsches Bild entsteht - Hans Karl Steffen war kein verhinderter Kandinsky. Er malte auch weiterhin, so gut er konnte, das, was er kannte. Einmal sagten die Kollegen: Der Ewald hat Geburtstag - mal dem doch mal so'n Kerl mit ner Piepe." Hans Karl Steffen hat das Werk vor ein paar Jahren auf einem Trödelmarkt wiederentdeckt; geschämt hat er sich nicht, nur gewundert über den stolzen Preis - 30 Mark wollte der Mann für den Ramsch haben: „Ist doch ganz in Öl!"

Wie der Wandel stattfand vom Piepenkerl zu den Bildern, die er heute malt - melancholische Ruhrgebietslandschaften; die bröckelnden Hintereingänge genauso traurig wie die struppigen Bauminseln und das entsetzlich deprimierende Stilleben mit dem Telefon, dem man ansieht, daß es nicht klingeln wird - darüber weiß er nicht viel. „Ja", sagt er, „ mein Umgang hat sich verändert. Da kamen Studenten, die sagten: Hör mal, is en tolles Bild, aber warum malste nich mal en Hintergrund? Oder - ich seh' da Kinder am Fenster, den ganzen Tag im Nachtzeug: Vater LKW-Fahrer, die Mutter trinkt. Das hab ich gemalt."

Und er hatte das große Glück, „anzukommen" bei Verbänden und Stiftungen, die Kurse anbieten für soziale Gruppen. Der Aufstieg ist ihm noch immer ein bißchen unheimlich: „Als ich in Lütgendortmund in die Volkshochschule reinkam und da 30 Leute erwartungsvoll sitzen sah, da mußte ich so grinsen. Und die sagten: Guck mal, jetzt lacht der schon, der weiß genau, wir können nichts. Dabei mußte ich nur denken: Hier haste nun früher die Straße gefegt, und jetzt hast du den Pinsel in der Hand und nicht den Besen! Das war irre, das Gefühl."

Sozialkritik, Bilder aus der Arbeitswelt - das war lange sein Markenzeichen. Heute mal er oft Bilder, die von Beziehungen handeln. Die
Trennung von seiner Frau liegt schon vier Jahre zurück, aber überwunden hat er sie noch immer nicht ganz. „Die Barbara Steffen", sagt
er, „ das war schon eine wahnsinnige Frau. Die hat sich die Absätze
krumm gelaufen, um meine Bilder an den Mann zu bringen."" Dann
sieht er mich streng an und sagt: „Meine Vormalsfrau ist Lyrikerin - das
wissen Sie doch?"

Ein Jahr hat er allein gelebt, da war er sehr schlimm dran, sagt er still.
Dann wurden ihm die Kinder zugesprochen. Und jetzt, er strahlt auf:
„Mit den Kindern bin ich ein fürchterlicher Kraftprotz."

Zufrieden beschreibt er das Glück, das ihn heute erwartet: Nachher mit
einem Freund ein Bierchen trinken gehen und dann in die Heia, oder
vielleicht noch ein bißchen mit Elisabeth würfeln.

Schön wäre es, sagt er, noch mal ein Baby zu haben. Und lächelt und
lauscht auf die Kinderstimmen aus der Küche, und ich beneide ihn ein
bißchen um sein schwieriges, ungewöhnliches, absolutes Glück.

Zwischen Guerilla-Kämpfern und Soldaten in Uganda

Als Arzt bei den Hungernden

Das Kind auf dem Foto ist tot. Es wurde erschlagen – wie die Mutter, die im Gras daneben liegt. Ein anderes Bild zeigt einen kleinen Jungen, der in die Kamera lacht. Er wird zwei Monate nach der Aufnahme getötet. Eines der letzten Opfer, die Hannes Köpchen in Uganda sehen muß.

Er ist seit September wieder zu Hause, aber das blasse Gesicht wirkt immer noch erschöpft. Sechs Monate lang ist er in Uganda gewesen: als Arzt, der tropische Geschwüre behandeln und unterernährten Kindern helfen wollte. Aber im Laufe der Zeit hatte er fast nur noch mit schweren Verletzungen zu tun. Schußwunden und brutalen Stichen mit dem gebogenen Buschmesser.

Das Wort Resignation fällt nicht. „Man kann schon sehr viel helfen, vor allem den Hungernden. Aber wenn man sehen muß, wie Leute, die man zusammengeflickt hat, am nächsten Tag umgebracht werden, dann ist das sehr bedrückend."

Bedrückend – das unterkühlte Eingeständnis läßt die Betroffenheit kaum laut werden. Hannes Köpchen bewältigt das, was er erlebt hat, auf sehr stille, sehr intellektuelle Weise. Seine Frau weiß das: „Wenn ich ihn frage, wie hast du dich gefühlt – dann sagt er, laß mich. Laß sein."

Köpchen hat seine Prüfung als Chirurg gemacht. Dann ist er zum deutschen Notärzte-Komitee gegangen und hat für ein halbes Jahr seine Hilfe angeboten, für eines der „Projekte" in Afrika. Einen ausgeprägten Gerechtigkeitssinn nennt er als Grund.

Er hat ihn sich was kosten lassen. Köpchen sollte einen Posten in einem Essener Krankenhaus bekommen; den schlug er aus. Und die 1000 Mark monatlich vom Komitee reichten nicht für die Miete und alles, was zu Hause weiterlief. „Unsere Art Spende" nennt Lisa Köpchen das, was sie von ihrem Sparkonto dazugezahlt haben.

Er geht nach Nakaseke. Seine Frau bleibt zunächst zu Hause, später wird sie nachkommen und die schrecklichsten Tage mit ihm teilen.

Daß das Krankenhaus ausgeplündert ist, schreckt den Arzt nicht ab. Er ahnt nicht, daß in Uganda wieder der Guerillakrieg ausgebrochen ist.

Daß in furchtbaren Massakern ganze Dörfer ausgerottet werden. Er ahnt nicht, daß es um sein Leben gehen wird.

Hannes Köpchen scheint froh, alles erzählen zu können, auf seine zurückgenommene Art. Er spricht konzentriert, ohne Pause; manches erzählt er zwei-, dreimal: Dann spürt man, wie das Erlebnis ihn immer noch gepackt hat.

Lisa Köpchen fällt ihrem Mann immer wieder in die allzu ruhigen Worte. Er sagt: „Es wurde ein Warnschuß abgegeben" – aber sie berichtigt erregt: „Ja, ein betrunkener Soldat hat dir das entsicherte Gewehr vorgehalten!"

Nur anfangs läuft alles wie geplant. Im Team sind zwei Ärzte und drei Krankenschwestern. Sie beginnen, das Krankenhaus einzurichten, und sie gehen in die Lager, in denen die Menschen zu Zehntausenden zusammengepfercht sind – zur Vergeltung, weil sie Rebellen beherbergt haben.

Ugangda ist ein fruchtbares Land, aber in den Lagern herrscht Hunger, und die geschwächten Kinder sterben in Scharen an einer harmlosen Krankheit: Masern. Die Deutschen verteilen Brei, beginnen mit einer Impfaktion. Regierung und Widerstandskämpfer haben ein Abkommen geschlossen, sie in Ruhe arbeiten zu lassen. Aber das hält nicht lange.

Die ersten Kriegsopfer, die ihnen gebracht werden, sind zwei kleine Jungen. Fünf, sechs Jahre alt. Sie spielen an der Straße, als die Soldaten vorbeiziehen. Und die schlagen erbarmungslos zu, mit ihren Buschmessern. „Nur so", sagt Hannes Köpchen böse. „Just for fun."

Immer mehr Verletzte kommen – „alles üble Wunden". Köpchen atmet tief. Dann ein leises Geständnis. „Ich habe mit Tränen in den Augen operiert. Wenn die Leute so ganz, ganz wüst ... ach, ich zeige Ihnen die Fotos."

Es sind entsetzliche Bilder, klaffende Wunden, verstümmelte Leichen. Ich begreife zunächst nicht: Warum mußte er das aufnehmen? Nur langsam wird mir klar, was für ein mutiger Mann der stille Hannes Köpchen ist. Was ich hier in der Hand halte, sind Dokumente – diese Bilder beweisen, daß Zivilisten getötet werden, auch Frauen, auch Kinder. Und daß es Regierungssoldaten sind, die die Menschen grausam umbringen. Die Fotos zeigen die typischen Verletzungen der Armee: tiefe, entstellende Schläge mit dem Buschmesser, die die Überlebenden für den nächsten Anschlag kennzeichnen.

Es ist klar, daß Köpchen umgebracht wird, wenn die Soldaten ihn erwischen. Aber daran denkt er nicht, so wenig, wie die anderen an Gefahr denken: Als die Nachricht von dem Überfall kam, haben sie sich ohne Zögern auf den Weg gemacht.

Lisa Köpchen sitzt in Essen, und mit jedem Brief aus Afrika wächst ihre Unruhe. Schließlich hält sie es nicht länger aus. Sie beschließt, hinzufahren – auf eigene Kosten: Das Notärzte-Komitee muß seine Spendengelder sparsam verteilen. Sie geht trotzdem: „Aus Sehnsucht", sagt sie. „Ich wollte bei meinem Mann sein."

Sie gerät in die schlimmste Zeit. Wenige Tage nach ihrer Ankunft holen die Ärzte einen Guerilla-Kämpfer halbtot aus einem nahen Feld; angeschossen. Sie operieren ihn zwei Stunden lang, bis sie aufatmen können: Er lebt, er kann überleben. Aber der Mann kehrt nicht ins Bewußtsein zurück. „Er war noch in Narkose, da sind Soldaten ins Krankenhaus gestürmt, haben den Tropf abgerissen und ihn rausgeschleppt. Und haben ihn umgebracht."

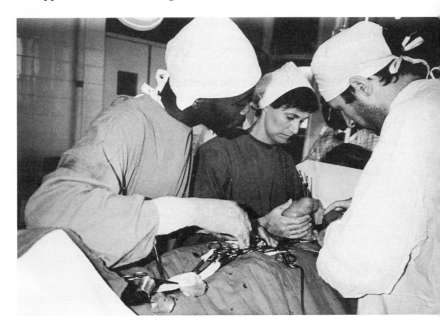

Das ist mehr, als Lisa Köpchen ertragen kann. Sie bleibt nur zehn Tage, dann verläßt sie das Krankenhaus; zusammen mit den Schwestern, denn die Bedrohung für die jungen Frauen wird unerträglich. Die Soldaten ziehen sie mit den Blicken aus; einer packt eine Schwester am Arm: „Irgendwann krieg ich dich!"

Zwei Monate später müssen auch die Ärzte aufgeben. Sie dürfen nicht mehr in die Lager – die Regierung verbietet ihnen, das Haus zu verlassen. „Wohl aus Sorge, wir könnten zuviel sehen."

Hannes Köpchen hat genug gesehen. Jetzt, zu Hause, spürt er manchmal auch Angst – mehr als in Afrika: „Wenn man mitten drin steckt, nimmt man die Gefahr nicht so wahr." Schlimmer, sagt er, „schlimmer war das Gefühl, etwas Paradoxes zu tun, etwas völlig Verrücktes. Wir haben uns ständig gefragt: Was machen wir hier eigentlich? Ist das noch sinnvoll?"

Beantworten kann er die Frage auch heute nicht. Einerseits sagt er, hat er mit seiner Frau zusammen schon überlegt, ob sie nach Äthiopien gehen sollen. Aber beide wissen, daß Hannes Köpchen jetzt Zeit braucht. Er ist noch längst nicht fertig mit dem, was er erlebt hat.

Er möchte hier, zu Hause, eine „menschliche Medizin" verwirklichen. Die Voraussetzungen sind gut: Er hat eine Stelle in Herdecke gefunden, im Krankenhaus der Anthroposophen. Und er wird sich, wie schon früher, bei den Grünen engagieren, weil er dort am ehesten seine Vorstellung vertreten sieht: Daß die Länder der Dritten Welt Hilfe zur Selbsthilfe bekommen müssen.

Nein, er ist nicht resigniert. So absurd es klingt – Hannes Köpchen hat in Uganda Dinge erlebt, die ihn glücklich gemacht haben: Daß die Menschen in ihrer elenden Lage warmherzig und fröhlich waren. Daß sie ihn am Arm faßten, wenn er durchs Krankenhaus ging. Daß sie ihn voll Vertrauen ansprachen: „Doktor Hannessi, rette das Leben der Kinder!" Und daß sie immer noch die Kraft fanden, alles abzustreifen und auf den Wegen zu tanzen – das gehört auf die positive Seite seiner Bilanz. „Was Leben heißt, da können wir noch viel von den Afrikanern lernen."

Mein Mann war ja nicht so erbaut...

Politik -
aber mit Sanftmut

Sabine Zech ist nicht in ihrem Büro. „Sie bittet Sie, zu ihr nach Hause zu kommen", sagt die Sekretärin und hat schon den Telefonhörer in der Hand, um mich anzukündigen. „Es war irgendwas mit der Tochter, und um drei muß sie zu einem Richtfest."

Ich sehe auf die Uhr: Das kann ja heiter werden. Wir haben eine knappe Stunde, und hinfahren muß ich auch noch. Oberbürgermeister leben eilig.

So was von Haus habe ich noch nie gesehen. Wie ein Pilz, oder eine Raumstation: Auf schmalerem Sockel hockt ein gläsernes Sechseck; aber an der Tür hängt, verblüffendes Zugeständnis an die Vergangenheit, ein Klopfer.

Er lockt nicht nur die Frau Oberbürgermeisterin; kaum habe ich ihn fallen lassen, da taucht eine schwarze Katze aus dem Gebüsch auf und setzt sich maunzend neben mich. Durch Wände aus Glas beobachten wir, wie zwei Beine die Wendeltreppe herunterspringen, ein weißer Rocksaum weht hinterher. Die Katze ist als erste drin.

Sie sitzt auch als erste am Tisch. „Nehmen Sie Platz", ruft Sabine Zech aus der Küche - „ach so, Sie wissen ja nicht, wo." Wir haben noch genau vierzig Minuten, aber sie schenkt Kaffee ein. „Wollen Sie auch 'en Schnaps?" Ich mache einen Fehler - ich sage nicht schlicht, nein, vielen Dank, sondern füge erklärend hinzu: „Lieber nicht, ich habe heute noch nicht viel gegessen." Da springt die Frau schon wieder auf, rennt raus: „Dann gebe ich Ihnen schnell ein Stück Kuchen!" „Bitte nein, wirklich nicht!" rufe ich verzweifelt hinterher. Es nützt nichts. Noch 35 Minuten.

Dann sitzt sie mir endlich gegenüber. Zwischen uns türmen sich Bücher über Wohnungsbaupolitik. „Ich war gerade dabei, eine Rede zu schreiben." Was für eine? „Oh, die für jetzt gleich, für das Richtfest." Ja, ist die denn noch nicht fertig? Doch, ja - „aber da hat mir mal wieder einer eine Rede geschrieben, die mir nicht gefällt. In der die Themen nicht vorkommen, die mir am Herzen liegen." Und da sitzt sie hier, eine halbe Stunde vorher, und schreibt sie um? „Na, warum denn nicht?

Aber jetzt schaff ich es doch nicht mehr."

Sie ist eine erstaunliche Frau. Immer in Bewegung - die rote Mähne steht ihr wild um den Kopf. Aber hektisch wirkt sie nicht. Selbstbewußt - aber nicht hart. Nachdenklich - aber nicht weich. Eine überraschende Frau.

Oberbürgermeisterin, „ja nun", sagt sie, „ich bin in das Amt gekommen, wie Männer auch da rein kommen. Ziemlich mühsam, mit sehr viel Fleiß, und natürlich auch Geduld." Sabine Zech lacht strahlend und dekorativ, dann schlägt sie einen feministischen Haken: „Nach meiner Erfahrung beruht der Erfolg von Frauen in der Kommunalpolitik darauf, daß sie flexibler und anpassungsfähiger sind. Und daß sie einen neuen Stil einbringen: Sanftmut. Es ist ganz erstaunlich, daß man mit Sanftmut genauso viel erreichen kann, wie wenn man auf den Tisch klopft."

Sie sieht mir die Verblüffung an. Ich hätte erwartet, daß sie sich kühl gibt, Stärke demonstriert. Aber Sabine Zech lächelt: „Ja sicher", sagt sie, „auf den Tisch klopfen kann ich auch. Aber das find ich nicht gut. Katze, geh vom Tisch!"

Ich habe einen Verdacht: Ist vielleicht gerade diese Sanftmut Stärke? Sabine Zech stimmt ohne Zögern zu. Ungeniert erklärt sie ihre Taktik: „Wenn in den Sitzungen die Parteien aufeinander losgehen und ich dann sehr sanft einen Schlichtungsvorschlag mache, dann wirkt das einfach überraschend."

Worte wie Ehrgeiz oder Engagement nimmt sie gar nicht erst in den Mund. In die SPD ist sie gegangen, weil sie sich über die Schulpolitik geärgert hat: „Ich bin ja spät eingetreten, da war ich schon 28, und hatte einen Sohn von drei Jahren. Und dann überlegte ich, wie das so sein würde, wenn der in diese Schule ginge, und wie ich da irgendwie Einfluß nehmen könnte. Und dann hat mich jemand in die Partei aufgenommen, und ein Jahr später war ich schon sachverständige Bürgerin im Stadtwerke-Ausschuß. Und noch ein Jahr später war ich im Rat."

Ist sie eine Karrierefrau? O je, das Wort sitzt mir quer, noch ehe ich es zu Ende gedacht habe. Die alte Parole, in vielen, vielen Wahlkämpfen abgewetzt: „Man darf nicht nur meckern, man muß selbst was tun!" - bei Sabine Zech klingt sie neu und ehrlich. Warum? Ich weiß es nicht. Sie klingt eben so.

Über ihre Sonderrolle als Frau im Oberbürgermeisteramt spricht sie frei und selbstverständlich. Nichts von dieser Haltung, mit der Frauen in herausgehobener Stellung gern durchblicken lassen: Behandelt mich gefälligst wie einen Mann! Nichts von der Koketterie, mit der Frauen ihre Emanzipation so gern als abgeschlossen vorgeben, als wäre das gar kein Thema mehr: „Naja", sagt die Frau, die Hamm regiert, „mein Mann war zuerst nicht besonders begeistert, daß ich in die Politik ging. Männer sehen das ja immer von 'ner anderen Warte - unter dem Gesichtspunkt der Belastung für die Familie." Und dann fügt sie ein verblüffendes Geständnis an: „Ich bin Juristin, und mein Mann ist auch Jurist - das heißt, wir gehören einer Berufsschicht an, die nicht unbedingt von der SPD geprägt ist. Da war ... von daher ..., aber in diesem Sinne hatten wir eigentlich keine Auseinandersetzungen, es ging mehr um praktische Gesichtspunkte." Ich spitze die Ohren: Was deutet sich denn da an?

Die 13jährige Nicola kommt, fragt etwas. Ich sehe heimlich auf die Uhr - nur noch zehn Minuten. Aber jetzt ist Nicola dran, bekommt Antworten, Anweisungen. Dann erzählt die Frau OB, warum sie heute mittag so plötzlich nach Hause mußte: „Weil meine Tochter sonst allein hätte essen müsen. Das wollte ich nicht." Ich nicke nachdenklich. Ob Herr Zech auch solche Gedanken hegt?

Schade, daß wir keine Zeit haben, das Thema näher zu erörtern. Eigentlich haben wir überhaupt keine Zeit; eine Frau braucht eben noch ganz andere Vorbereitungen für einen öffentlichen Auftritt als ein Mann: „Ich muß mich noch ein bißchen zurechtmachen", sagt sie entschuldigend. Aber dann bleibt sie doch noch sitzen und zählt im Schnelldurchlauf ihre kommunalpolitischen Ziele auf - sicher liegt es nur an der Eile, daß es ein bißchen auswendig gelernt klingt, was sie über die Bekämpfung der Arbeitslosigkeit sagt. Dann geht Frau Zech Rouge auflegen.

Wir haben Glück, uns bleiben noch fünf Minuten. Das Thema drängt sich auf: Druck, Zeitdruck, Belastung. Sie spricht die Probleme offen aus: „Man muß sortieren - man kann nicht überall sein. Dann ist man in kurzer Zeit ausgeblutet, seelisch und geistig. Dann geht man kaputt."

Noch etwas anderes zerrt an den Nerven - die Anfeindungen. Sie erwähnt es kurz, schon im Aufspringen. „Angriffen ist man genügend ausgesetzt, das geht pausenlos. Natürlich ist es schwer für Männer, eine Frau quasi als Vorgesetzte zu akzeptieren. Das äußert sich ... hm ... in Bemerkungen ... aus denen man entnehmen kann, daß sie denken: Na, du kleines Mäuschen, nun geh mal schön zurück in dein Häuschen! - So, und jetzt muß ich wirklich gehen."

Das Augen-Make-up ist an diesem Tag ein bißchen auf Kosten der WAZ gegangen. Schon im Mantel, erzählt sie mir noch schnell, daß sie ab und zu auf Nicolas Geige spielt: „So viel wie die kann ich grade noch!" Und daß sie „nebenbei" an der Finanz-Fachhochschule unterrichtet. Schule, sagt sie - daß sie Professorin ist, muß ich später dem offiziellen Lebenslauf entnehmen. Aber dann ist der Fahrer auch schon da, und Sabine Zech hat gerade noch Zeit, aus dem Auto zu winken.

Das
Glück ist eine Taube
auf dem Dach

Eine Liebe fürs Leben

Am Abend sitzt Karl Schäfer in seinem Schlag und spricht mit den Tauben. „Na, Hansi", sagt er und nimmt den Blauscheck in die Hand, „was ist denn los, Junge, komm mal her, du siehst ja so komisch aus, was ist denn mit dir?" Die Tiere verstehen ihn, sagt er, die merken am Tonfall, ob er zufrieden ist oder ob er schimpft, und er sieht, wenn er zwischen ihnen sitzt, was die Tauben denken und was sie bewegt; davon ist Karl Schäfer überzeugt. Da läßt er sich auch nicht von seiner Frau beirren, die sanft dazwischen wirft: Das bildet ihr euch ein!

Die Tauben sind sein Leben. Den Titel „Taubenvater" trägt er mit Stolz, so werden nur ältere Züchter genannt, die lange im Verein sind; bei Karl Schäfer sind es 35 Jahre. Was immer ihn freut – es hat mit den Tauben zu tun. Sorgen, die ihn bewegen, gelten den Tauben, und seine Feste feiert er mit den Freunden vom Verein. Seine Frau lernte er kennen, als die damals jeden Freitag zum Schriftführer kam und die Wetten für ihren Vater setzte; der Schriftführer hieß Karl Schäfer.

Er ist ein bekannter Mann bei den Bottroper Züchtern. Sein Vater Heinrich war 1912 dabei, als die Reisevereinigung mit dem irritierenden Namen „Schwalbe" gegründet wurde; und der Ton, in dem der Sohn erzählt: „Wir sind der zweitstärkste Verein in der Bundesrepublik", spricht Bände. Aber vielleicht sagt der Nachsatz noch mehr: „Nur Bochum 05 ist größer, die haben 20 Mitglieder mehr." Zusammenhalt ist wichtig im Taubensport; aber ein Schuß Rivalität gehört auch dazu.

Taubensport? Wieso eigentlich Taubensport? Schäfer lacht. „Für die Tauben ist das Sport", sagt er trocken, „für mich Hobby."

Ein Hobby, das den ganzen Mann und, wenn's geht, auch den Rest der Familie fordert. Den Schlag sauber halten, die Tiere füttern, rauslassen, reinlassen... Daß sein Sohn nicht so recht 'ran will, erzählt Schäfer mit leichter Wehmut: das ist in allen Vereinen dasselbe, die jungen Leute interessieren sich mehr für ihr Auto und für die Freundin.

Natürlich ist er Experte. Wenn's um die Tauben geht, braucht man Karl Schäfer nichts zu fragen, da fängt er vorne an: „Die Brieftaube ist das einzige Lebewesen auf der Erde, das in sieben Tagen sein

Geburtsgewicht verdoppeln kann", sagt er, und sein Lächeln verrät: Karl Schäfer ist stolz; stolz auf die Taube als solche.

Angefangen hat er als Sieben-, Achtjähriger. Da schickte ihn sein Vater sonntags mit der Uhr zum Einsatzlokal.

Heute ist das alles anders, und nicht nur, weil es Telefon gibt. Schwer vorzustellen, Karl Schäfer würde jemand anderem seine Taubenuhr in die Hand drücken und selbst seelenruhig zu Hause Kaffee trinken: Der Sonntag ist das Schönste, der wird ausgekostet, von der ersten bis zur letzten Sekunde. Wenn die Tauben irgendwo in Bremen oder Flensburg oder Dänemark aufgelassen sind, versammeln sich die Züchter bei Schäfers im Garten und stehen zusammen, um die schreckliche, schöne, unglaublich spannende Zeit bis zum Anflug der ersten Taube zu überbrücken.

Dann kommen sie langsam in Hochstimmung, dann werden die Sprüche riskiert: „Mein Rotgehämmerter, der ist so in Schuß, der macht heute den Ersten!" Und der Nachbar gibt zurück: „Nimm bloß den Mund nicht so voll, du kannst froh sein, wenn du diesmal unter den ersten dreien bist."

Karl Schäfer kommt in Fahrt, wenn er davon erzählt; das sind Geschichten, die man nicht vergißt – wie zum Beispiel in der Wirtschaft gegenüber Sommerfest war; und sie stehen am Bierstand so gemütlich zusammen, nichts ahnend, und auf einmal kommt einer auf den Hof gerannt: Die Tauben kommen! „Da hätten Se mal sehen solln, wie die gelaufen sind!"

Nach dem Familienleben brauche ich nicht zu fragen. Bei Schäfers hat alles seine Ordnung; die Frau kennt es seit ihrer Kinderzeit nicht anders, als daß die Tauben die erste Geige spielen. Solange Karl Schäfer auf dem Pütt gearbeitet hat, hielt sie den Schlag sauber; natürlich kann sie mit den Tauben umgehen – und die Ringe in die Uhr eindrehen; doch, das erwähnt Karl Schäfer mit einem gewissen Stolz: „Wenn die Frau sich nicht für Tauben interessiert, ist es schwer. Da sollte man sich vorher drüber im klaren sein – datt kann Ärger geben."

Als Frührentner hat er viel Zeit für die Tauben. Das Herz hat nicht mehr mitgemacht; Karl Schäfer hat lange unter Tage gearbeitet, das ist nicht spurlos an ihm vorübergegangen. In den ersten Monaten war er noch unzufrieden – wer sein Leben lang gearbeitet hat, stellt sich nicht so einfach um; aber das hielt natürlich nicht lange an: „Ich hab' nun mal den Taubenbazillus..."

Mit 15, 16 fing er an zu züchten. In einer Zeit, als die Menschen weiß Gott andere Sorgen hatten; als alles zerbombt war, alles kaputt, da baute er mit seinem Bruder Fallen. Spatzen und Drosseln fangen sie und bringen sie heimlich in Vaters leerem Taubenschlag unter. Heinrich Schäfer muß es mit feuchten Augen gesehen haben: Er hat in den letzten Kriegsjahren die Tauben abschaffen müssen, als er sie nicht mehr füttern konnte; und jetzt zeigen ihm die Jungens, daß es wieder losgeht, daß man auch in diesen Zeiten wieder ein bißchen Spaß am Leben haben kann. Erst tut er unschuldig: „Hört mal, was soll das denn hier werden?" Und sie, halb beschämt, halb stolz: „Ja, wir wollen hier Spatzen züchten." – „Soll ich euch nicht lieber en paar Brieftauben besorgen?" – „Mensch, Vater! Wenn das geht! Das wär was!" So fangen sie an, mit zwei Pärchen, 1947.

Karl Schäfer hat heute 92 Tauben im Schlag. Sein Verhältnis zu ihnen ist unkompliziert, frei von Sentimentalität, aber nicht von Gefühl.

Er spricht mit liebevoller Achtung von ihnen, wie von Freunden, von Kameraden. Er nennt sie beim Namen: alle heißen Hansi; aber es entspricht auch dem sachlich-freundlichen Umgang mit den Tieren, daß er ungerührt sagt: „Einige müssen natürlich auch in den Kochtopf wandern." Daß es bei ihm trotzdem keine Taubensuppe gibt, liegt an Frau Schäfer, die sich schüttelt und leise klagt: „Ich kann das nicht haben, wenn mein Mann die abschafft, ich bin zu tierlieb!" Aber Karl Schäfer zuckt die Schultern: „Als Züchter muß man das können, wo käme man sonst hin?"

Nach Wünschen gefragt, lacht er. Eine Antwort erwarte ich nicht. Was soll ein Mann sich schon wünschen, der mir ohne Zögern sagen kann, wann die Taube nach Hause kam, die ihm 1962 den National-preis von Skagen eingebracht hat: Um 18 Uhr acht war sie im Schlag.

Okay, Gott, wenn es dich gibt ...

Roswitha Kohlmann – Kadettin der Heilsarmee

Zwischen Pils und Korn fällt der Name Jesus Christus. Das ist ungewöhnlich, meistens lacht Roswitha Kohlmann, die im straffen blauen Kostüm aussieht wie eine verirrte Bürgertochter. Sie lacht breit und dunkel, wie eben ein Mädchen aus dem Kohlenpott lacht, wenn es am Freitag abend loszieht, um nebenan ein paar Pilsken zu trinken; aber Roswitha Kohlmann trinkt kein Pils mehr. Sie ist Heilskadett, bald wird sie Offizier sein, und wenn sie freitags durch die Kneipen im Bochumer Bahnhofsviertel zieht, dann hat sie anderes im Sinn als einen flotten Abend. „Wirtschaftsmission" heißt das, was sie tut, im Jargon, und wenn die lustige Roswitha plötzlich toternst wird und leise sagt: Du mußt Gott wirken lassen! dann macht keiner dumme Bemerkungen. Roswitha Kohlmann mit der Sammelbüchse gehört für die Stammgäste zum Freitag wie ehemals die Lohntüte.

In Essen geboren, hat sie im Revier allerdings auch ein Heimspiel. Mit ihrer frechen Schnauze ist sie überhaupt nicht das, was man sich unter „Heilsarmee" vorstellt; WAZ-Fotograf Vennemann, der unsere Tour dokumentiert, raunzt sie kenntnisreich an: „Ej! Hintern Tresen gehn kostet ne Lokalrunde!" Und als ein paar feucht-fröhliche Kegelbrüder ihr mit der Spende die Kugel in die Hand drücken, wirft sie ohne Zögern und keineswegs ungeübt in die Vollen: „Ich kann's ja noch!" grinst sie hinterher; aber dann stellt sie sachlich fest, daß der enge Uniform-Rock wohl doch nicht fürs Kegeln erfunden wurde.

Mehr als zwei Stunden habe ich mit Roswitha Kohlmann geredet, bevor wir uns aufmachten zu unserem Zug durchs Bochumer Halbseidene, und jetzt frage ich mich trotzdem: Wie kommt so eine zur Heilsarmee?

Es ist eine wilde Karriere, die sie mit ihren 27 Jahren hinter sich hat. Erst radikaler Marxismus, dann Sekte, dann Freikirche; jetzt Heilsarmee.

Moment mal – vom Kommunismus zum rechten Glauben? Das ist ja wohl zu schön, um wahr zu sein! Aber bei näherem Hinhören ist die Mischung gar nicht so abwegig, und wenn sie erzählt, wie alles kam, wird das Muster sichtbar. Dann wird deutlich, daß hier ein Mensch mit aller Kraft sucht.

Sie wollte immer schon die Welt verändern; sie sagt es mit demselben offenen Lachen, mit dem sie den Suffköppen am Tresen „'nen schönen Abend noch!" wünscht. Als sie in die Partei eintrat, war eins ihrer Hauptmotive ihre Arbeitslosigkeit. Das verbindet sie, streng genommen, auch mit dem Gründer der Heilsarmee, dessen Leitsatz sie zitiert: Der Droschkengaul hat drei Vorrechte, Futter, Obdach und Arbeit; das muß der Mensch auch haben.

Was sie über ihr Leben erzählt, ist knapp. Die Stationen, die sie nennt, zeigen immer nur ihren Weg zum Glauben. Alle Versuche, auch aus dem persönlichen Bereich Näheres zu erfahren, scheitern; manchmal klingt etwas an, da muß es mal einen Freund gegeben haben, den Plan, eine Familie zu gründen. Aber das wischt sie beiseite: „Die Heilsarmee ist dazwischen gekommen." Und ich denke: Was mag ein Mensch erlebt haben, der bedingungslos sagt: Du, Gott, mach mit mir, was du willst?

Wie sie der Politik den Rücken kehrte, ist eine etwas dunkle Geschichte; vier Jahre war sie aktiv, sehr aktiv, sagt sie; „dann habe ich eingesehen, daß man mit Gewalt nichts ändern kann." Aber die Welt verändern, das wollte sie immer noch – also wandte sie sich in ihrer robusten Art direkt an den Zuständigen: „Ich habe gesagt, okay Gott – wenn es dich gibt, will ich dich finden."

Sie hat ihn gesucht, mit einer Zähigkeit, vor der nicht ganz so starke Gemüter fassungslos stehen. „Ich bin", sagt sie locker, „von Kirche zu Kirche gegangen; aber da habe ich Gott nicht gefunden. Dann bin ich zu den Sekten gegangen; eine nach der anderen. Die Adressen hatte ich aus dem Telefonbuch."

Sie ist eine erstaunliche Frau, streng in ihrem Anspruch und unerbittlich gegen sich selbst. Die Sekte verläßt sie mit der verblüffenden Begründung, daß es ihr dort gut ging. „Es war die erste Gemeinschaft, wo man mich als Mensch angenommen hat. Verstehen Sie – ich habe nicht das Göttliche gesehen, ich habe vom menschlichen Bedürfnis her ja gesagt."

Also geht sie wieder – jawoll, ohne Probleme. Doch, man hat versucht, sie zu halten – aber nicht mit Roswitha, die läßt da keine Faxen mit sich machen: „Wenn ich nein sage, dann ist es nein."

Roswitha Kohlmann hat eine Lehre als Verkäuferin gemacht, und sie hat es zur Substitutin in einem großen Geschäft gebracht. Aber diese gesicherte Position gibt sie auf. Für sie ist das nur logisch – in dem Augenblick, in dem sie merkt, daß sie die Probleme des Lebens nicht lösen wird, ist sie bereit, die Verantwortung abzugeben. Sie sagt: „Ich habe immer noch gedacht, ich könnte was ändern. Ich habe nicht Gott handeln lassen, sondern wollte von mir heraus etwas schaffen."

An diesem Punkt angelangt, kann es ihr nicht schwer gefallen sein, die Konsequenz zu ziehen. Zur Autorität hat sie ein ungebrochenes Verhältnis; sie hat immer gehorcht, in der Kaderpartei, in der Sekte. Der Schritt zum Offzier der Heilsarmee ist von hier aus nicht groß.

Wie sie letzten Endes dahin gekommen ist – sie zuckt die Schultern. Von sich aus hätte sie es nicht gemacht, sagt sie, einfach, weil man nichts Persönliches mehr hat – weil man mit dem Eintritt in die Offziersschule alle Brücken abbricht. „Aber: Gott hat mich geführt." Was will man dagegen einwenden?

Und warum sollte man etwas dagegen einwenden? Roswitha Kohlmann ist glücklich. Sie ist überzeugt, daß sie diesmal ihren Weg gefunden hat. Wenn nächstes Jahr die Ausbildung zu Ende geht, wird sie ihrem Marschbefehl folgen, ohne zu fragen. Sie wird nur einen Koffer haben, damit sie immer einsatzbereit ist: Eine möblierte Wohnung steht in jeder größeren Stadt bereit. Sie wird einen exklusiven Beruf haben: 130 Offiziere gibt es in der Bundesrepublik.

Vielleicht hat sie wirklich ihre Aufgabe gefunden. Sie hat den Mut, die große Überzeugung, die fast schon Besessenheit ist; und sie hat die Fähigkeit zur Selbstverleugnung, die sie braucht: „Wie wollen Sie im Wohnheim die Penner waschen, wenn Sie keine Selbstverleugnung aufbringen?" Suppe, Seife, Seelenheil, das ist das Motto der Heilsarmee, in dieser Reihenfolge.

Aber eben auch Seelenheil. Die unerschrockene Roswitha schnappt sich die Seelen, wo sie sie kriegen kann – in jeder Peepshow, in jeder Nachtbar. Aber auch auf dem Fußballplatz. Mit verschämtem Stolz erzählt sie, daß sie nebenbei eine große Erfindung gemacht hat: die Fußball-Mission. Wann immer der VfL in Bochum spielt, sie ist dabei und verteilt in der Pause ihre Zeitschrift. Staunend erlebe ich in den Kneipen, wie sie mit den Männern ins Quatschen kommt, über das erste Tor, das zweite; welche Chancen vertan wurden – und ich weiß nicht, was ich mehr bewundere, daß sie sich auskennt oder daß sie als Fachfrau ernst genommen wird.

Bewunderung, Achtung – dafür gibt es ganz andere Anlässe. Es ist halb elf, als ein Junge mit glasigem Blick uns anspricht: ,,Ich setz mich jetzt ins Auto und fahr vorn Baum." ,,Nimm lieber ne Mauer", rät Roswitha ihm trocken, ,,das ist sicherer." Dann setzt sie sich mit ihm an einen Tisch, hört ihm eine halbe Stunde lang zu, schreibt eine Adresse auf. Sie seufzt erst, als wir aus der nächsten Kneipe kommen, wo sie laut begrüßt wurde; ein alter Zausel hat versucht, ihr ein Küßchen aufzudrücken, was Roswitha zu verhindern wußte. Ich betrachte sie von der Seite: ,,Sie haben es ganz schön schwer!" Da sieht sie zum erstenmal etwas angestrengt aus und gibt zu: ,,Jo. Ist nicht ganz einfach."

Die Karwatzki, unsere Frau - die muß datt machen

Erst CDU-Bürgermeisterin, dann Staatssekretärin

Ohne die Mutter Karwatzki läuft nichts. Jeden Abend, wenn es nicht allzu spät geworden ist, geht Tochter Irmgard zu ihr 'rüber, erzählt ein bißchen und hört sich an,was die Leute im Bäckerladen von Kanzler Kohls Politik halten. Dann verabschiedet sie sich: Bis zum nächsten Morgen. Zum Frühstück ist sie wieder da, von halb sieben bis sieben. Um Viertel nach geht der Zug nach Bonn, den muß die Parlamentarische Staatssekretärin mitkriegen.

Irmgard Karwatzki ist ein Familienmensch - nicht nur privat, sondern auch beruflich. Sie hat das große Glück, daß bei ihr persönliches Interesse und Broterwerb zu einer Einheit verschmolzen sind. Aber was heißt hier Glück? Irmgard Karwatzki hat ihr Geschick in die eigenen selbstbewußten Hände genommen und genau das aus ihrem Leben gemacht, was ihr richtig erschien - und mit derselben freundlichen Bestimmtheit, mit der sie im Parlament die Zwischenrufer abbürstet.

Wie soll man diese handfeste kleine Frau einordnen, die mit kenntnisreicher Genauigkeit über ihr Spezialgebiet, die Famlienpolitik, redet und gleichzeitig eindringlich das Kaffeestündchen ihrer Mitarbeiter verteidigt? Ist sie Politikerin mit Herz und Gemüt oder schlaue Karrierefrau? Ich bin nicht ganz dahintergekommen. Ich glaube: Sie ist beides.

Manches war vorprogrammiert. Daß der Vater Arbeiter war in den Duisburg-Ruhrorter Häfen, hat die Einstellung geprägt; daß das Elternhaus streng katholisch war, auch. Andererseits war auch Loslösung nötig: In eine Partei ging „man" nicht, das war Irmgard Karwatzkis eigener Schritt. Trotzdem, auch für das politische Engagement wurde sie schon zu Hause präpariert: „Ich habe drei ältere Brüder, die haben mir früh beigebracht, daß man sich durchsetzen muß, sonst läuft das vorwärts und rückwärts nicht."

Sie hat die Lektion gelernt, das kann man wohl sagen. Sie wirkt so klar, so energiegeladen, daß man ihr alles zutraut, nur Erschöpfung nicht. Mit einer gewissen freundlichen Zähigkeit, die lange im Verborgenen wirken kann, bevor sie ihren Lohn in Empfang nimmt; mit Bienenfleiß und Durchhaltevermögen ist sie vorwärts gegangen, immer vorwärts.

Imrgard Karwatzki ist 43 Jahre alt, und sie hat eine Karriere hinter sich, die man nicht „rasant" nennen möchte; dazu war sie von zu vielen kleinen Schritten geprägt. Trotzdem war der Aufstieg unaufhaltsam; zwingend, möchte man meinen.

Es begann mit der Erstkommunion, als sie Gruppenkind im Bund der deutschen katholischen Jugend wurde. Zu sagen: Sie blieb dabei, wäre stark untertrieben. Im Laufe der Jahre hat sie sämtliche ehrenamtlichen Führungsposten übernommen, die man nur haben kann. Daß sie die Jugend schließlich auch zu ihrem Beruf machte, ist nur folgerichtig: Volksschule und kaufmännische Lehre, das konnte nicht die Endstation sein. Sie machte die Begabtensonderprüfung, studierte Sozialarbeit. Und trat mit 24 Jahren in die CDU ein: „Was nützen die schönsten Ideen, wenn man kein Instrument hat, um sie durchzusetzen?" Irmgard Karwatzki denkt pragmatisch.

Also doch Karrierefrau? Ja, sie hat so was, das läßt sich nicht leugnen. Als sie 1976 in den Bundestag gewählt wurde, gab es für sie gar keine Frage, in welchen Ausschuß sie gehen würde. Nach dem Motto: Schuster, bleib bei deinen Leisten! profilierte sie sich auf den Gebieten, auf denen sie sich sowieso schon auskannte, im Ausschuß für Jugend, Familie, Gesundheit. „Der galt ja damals als typischer Frauenausschuß, damit waren ja lange Jahre keine Blumtöppe zu gewinnen. Eine große Jugenddebatte, wann gab's das denn schon mal?"

Nun ist es aber nicht so, als wenn sie die Blumenpötte unbesehen den anderen überlassen hätte, sie fing es nur klüger an, und gründlicher. Irmgard Karwatzki wollte nicht auf Tretminen gehen, auf unbekannten Gebieten sprechen; aber sprechen wollte sie. Deshalb machte sie sich zur Spezialistin für alles, was mit Jugend zu tun hat und schaffte sich damit einen Bereich, bei dem sie sicher sein konnte: Wann immer dazu im Bundestag gesprochen wurde, sie war dabei. „Da hatte ich ganz selten mal Konkurrenz."

Es wundert einen schon gar nicht mehr, daß diese eiserne Disziplin schließlich einer der Gründe wurde, die ihr das Amt der Staatssekretärin einbrachten. „Das hat mich sehr froh gemacht, daß der Helmut Kohl das als Kriterium genannt hat: die Kontinuität hier im Ausschuß." Der zweite Grund für den Aufstieg ins Familienministerium ist für Irmgard Karwatzki mindestens ebenso typisch, denn er hat auch wieder etwas mit Ausdauer zu tun; aber auch mit Mut.

1979, vor der Kommunalwahl, teilte die Auseinandersetzung um den CDU-Spitzenkandidaten die Duisburger Partei in zwei Lager: die

einen, die einen Vertreter des Wirtschaftsflügels nonimiert hatten. Und die andern, die sich als eine Art Arbeitnehmerfraktion verstanden und einen eigenen Kandidaten suchten. Es wurde eine Kandidatin. „Die Freunde haben gefragt, wer ist mehrheitsfähig? Und ich war in Duisburg immer mit Mehrheiten durchgekommen, die waren sagenhaft. Da haben die gesagt: Die Karwatzki, das ist unsere Frau. Die muß datt machen."

Sie machte es, aber es wurde ihr härtestes Jahr. Morgens, sagt sie, ist ihr manchmal das Brötchen aus der Hand gefallen, wenn sie beim Frühstück die Zeitung aufschlug und las, was der Kollege gegen sie losgelassen hatte. Beim zweitenmal hat sie gesagt: „So, Mutter, ein für allemal, wenn die Leute dich vor der Kirche anhalten, dann sagst du, da hab' ich nichts mit zu tun, das ist die Angelegenheit meiner Tochter." Mutter Karwatzki vergaß ihre Vorbehalte gegen jede Parteiarbeit. Tochter bleibt Tochter.

Daß sie es tatsächlich geschafft hat, nicht nur gegen den CDU-Kollegen, sondern auch in der Wahl selbst, macht sie zufrieden, auch wenn sie nicht „abgehoben" hat. „So leid mir das tut, damals haben alle Bürgermeister-Kandidaten der Union im Revier verloren, nur ich nicht."

Daß sie den Bürgermeisterposten wieder abgeben mußte, tut ihr heute noch leid; den hat sie von allen Ämtern am liebsten gehabt. Aber als Helmut Kohl sie dann ins Familienministerium berief, überwogen Stolz und der Wunsch, an politischen Entscheidungen teilzunehmen. „Staatssekretärin zu werden, das fällt einem ja nicht in den Schoß", sagt sie ohne falsche Bescheidenheit.

Eine Karrierefrau – das ist sie, ohne Zweifel. Aber der negative Beigeschmack fehlt, das Harsche, die Ellenbogen. Viel zu freundlich schlägt sie den braven Faltenrock um die Knie und viel zu stark strahlt sie eine gewisse katholische Freudigkeit aus, eine Ruhe und Mütterlichkeit, die sogar der Kälte des Bonner Parlaments widersteht.

Ein paar Wochen nach ihrem Einzug ins Ministerium kam die Sekretärin und sagte: Frau Karwatzki, die Leude reden über Sie. Und sie fragte erstaunt zurück: Über mich? Ich tu doch gar keinem was. Nee, sagte die Sekretärin. Aber das haben sie hier schon lange nicht erlebt, daß eine Staatssekretärin über den Flur geht und allen guten Tag sagt. „Mir liegt das eben nicht", sagt Irmgard Karwatzki. „Ich bin von Hause aus ein freundlicher Mensch. Möchten Sie noch 'ne Tasse Kaffee?"

Wo
Reden Gold ist

Autogenes Training
statt Pillen

Gerd Krynewiki hat ein beneidenswertes Selbstbewußtsein. Er geht zum Sozialamt, zur Krankenkasse; verkehrt mit Professoren und Psychologen. „Sogar mit dem Bundeskanzler könnte ich heute reden.", sagt er und zeigt ein Foto vor: Der Kanzler, halb von hinten. Nein, nicht im Gespräch mit Gerd Krynewiki, dazu hat es nicht gereicht, als die Stotterer-Selbsthilfegruppe aus Recklinghausen kürzlich in Bonn eingeladen war. Der Kanzler hatte wenig Zeit für die Gäste, aber eine Dampferfahrt gab's auf dem Rhein, und eine Medaille: Reden ist Silber, Helfen ist Gold, steht scharf gestochen darauf, Gerd Krynewiki, der von sich sagt: „Bis vor drei Jahren hab' ich eigentlich hauptsächlich den Mund gehalten", formuliert heute kritisch und flüssig. „Das war alles ganz schön, und ich will ja auch nicht undankbar sein. Aber das Geld hätten sie uns besser so gegeben, für Bücher zum Beispiel. Da hätten wir mehr mit anfangen können."

Wenn einer Krynewiki heißt und ist ein Stotterer, dann ist das schon ein schweres Schicksal. „Gibt so Worte, die kriegt man kaum raus, zum Beispiel die mit K. Kartoffel zum Beispiel." Man kann sich die Katastrophe bei dem Namen Krynewiki ausmalen.

Es ist eine unvermeidliche Katastrophe, nicht mit Klugheit zu überspielen wie andere Fallstricke des täglichen Lebens. Gerd Krynewiki sagt: „Wenn ich früher Straßenbahn gefahren bin, hab ich das Wort „Werkstättenstraße"nicht rausgebracht. Ehe ich mich da blamiert hab, hab ich gesagt: Eine Mark achtzig." Es kostete eine Unmenge Energie, dieses Leben mit seinem ewigen Aufpassen, Überspielen, Ängste überwinden.

Aber seit gut drei Jahren ist Krynewiki ein neuer Mensch. Er liest Bücher, von denen er früher nicht geträumt hätte, und besucht Autoritäten, die ihm den Angstschweiß auf die Stirn getrieben hätten. Seine Frau sieht das so doll nicht, aber sie hat auch seine Schwierigkeiten anders eingeschätzt. „Als ich ihn zum erstenmal nach Hause mitbrachte, sagte mein Vater, hör mal, hast du gemerkt, daß der stottert? Och, sag ich, das stört mich weiter nicht." Später hat sie die Pillen weggeworfen, die der Arzt ihm verschrieben hatte; Beruhigungstabletten, mit denen er der nervösen Sprachstörung beikommen wollte und die ihn in Wirklichkeit abhängig machten.

Erst konnte er nicht mehr einschlafen ohne Tabletten; später schlief er trotz der Pillen nicht mehr. Tropfen, Spritzen kamen dazu. Gerd Krynewiki, damals 32 Jahre alt, war ein Nervenbündel: „Wenn ich morgens aufstand, gingen mir die Hände so!" Seine Frau nahm ihm die Schlafmittel weg, wenn sie sie fand. Aber zu der Therapie, zu der er sich dann entschloß, hat sie ihm auch nicht geraten. „Ach, ich fand das ja nicht so schlimm."

Er selbst fand es schlimm, obwohl er kaum angeben kann, was ihn so besonders belastet hätte. Er hatte ja Freunde, und seine Frau hat er ja schließlich auch kennengelernt. Aber daneben gab es auch immer das andere: Kollegen, die offen oder hinter seinem Rücken über ihn lachten und die er nicht gut verprügeln konnte wie früher die Jungens in der Schule. Damals war Prügeln noch ein Ausweg, wenn man sich mit Worten nicht wehren konnte. Aber was macht ein Erwachsener?

Wenn man sieht, mit welcher Genugtuung Gerd Krynewiki heute den vielfältigen Anforderungen standhält, die die Organisation der Gruppe mit sich bringt, dann kann man sich vorstellen, wie er früher unter seiner Zurückgezogenheit gelitten hat. Die Isolation vollzog sich zwangsläufig. „Wenn man schon denkt, man kann was nicht aussprechen, dann sagt man lieber gar nichts."

Als er mit 16, 17 zum erstenmal bei einem Arzt Hilfe suchte, war sein Problem schon alt. Das Stottern hatte er als Kind angefangen, in einer Zeit, als der Vater die Familie verließ, die Mutter krank wurde. Gerd und seine beiden Geschwister waren lange im Kinderheim. Sie kamen zurück in eine Familie, in die mit dem Stiefvater neue Probleme eingekehrt waren. Um sein Stottern kümmerte sich niemand so recht: „Die hatten eigene Sorgen. Höchstens, daß mal einer sagte: Red' langsamer!" Aber, meint er heute, das hatte eher die gegenteilige Wirkung. „Wenn man immer darauf aufmerksam gemacht wird, dann wird man erst richtig eingeschüchtert."

Die Schule bringt er recht und schlecht hinter sich, bei der Bahn nehmen sie ihn, ohne lange zu fragen. Krynewiki fängt als Jungarbeiter an, beim Bahnhof-Fegen braucht er nicht zu reden, und später im Schrankenwärter-Häuschen auch nicht. Aber er leidet.

Die Hilfe kommt per Zufall. Sein Hausarzt, bis dahin auf chemische Mittel eingeschworen, lernt bei einer Fortbildung die psychosomathische Klinik in Rinteln kennen, dahin überweist er Krynewiki. Und die siebenwöchige Therapie setzt Dinge in Gang, die in diesem Umfang keiner vermutet hätte. Nicht nur, daß er seinen Sprachfehler fast völlig in den Griff bekommt. Er spricht heute ein bißchen schnell, und wenn er in Streß-Situationen kommt, verhaspelt er sich noch manchmal. Es passiert ihm inzwischen kaum häufiger als anderen Leuten.

Genauso wichtig aber ist der Umstand, daß sich ihm ein unendliches Betätigungsfeld eröffnet hat. Autogenes Training, Psychotherapie, Rollenspiel, Hypnose - das sind Worte, die dem geheilten Stotterer heute von der Zunge gehen wie früher nicht mal das Wort Bundesbahn. Früher lebte er mit dem Stottern, heute mit der Hilfe dagegen. „Ich krieg schon manchmal Ärger mit meiner Frau, weil ich soviel dafür unterwegs bin", sagt er, und sie nickt. „Wenn er schon mal frei hat, hat er immer was für die Gruppe zu tun."

Es geht wohl nicht anders. Gerd Krynewiki kommt nicht ohne seine täglichen Entspannungsübungen aus, „damit ich nicht so rappelig bin". Solange er betroffen ist, wird sein Interesse hellwach sein, und so liest er dicke Bücher über Sprachstörungen, die er zum Teil von seinem eigenen Geld, zum Teil aus Spenden bezahlt. Der Gruppe mit ihren 16 Mitgliedern gehört seine ganze Tatkraft. Es war eine seiner ersten selbstbewußten Taten, daß er zum Pastor ging und fragte, ob sie einen Raum haben könnten. Inzwischen geht er unerschrocken auch zur Krankenkasse und zu den städtischen Ämtern, weil er eine Sprachtherapeutin engagieren will. Bis das klappt, gibt er weiter, was er selbst in der Klinik gelernt hat, zeigt, wie man langsames Sprechen übt, und beim Fernmeldeamt hat er zwei Telefonapparate besorgt, mit denen die Stotterer einem ihrer größten Probleme zu Leibe rücken: Telefonieren üben.

Die Einladung beim Bundeskanzler war der erste Höhepunkt in der zweijährigen Arbeit; ein zweiter, noch auffälliger kam vor wenigen Wochen dazu: Die Aktion Sorgenkind interessierte sich für die Recklinghäuser Stotterer. Krynewiki im Fernsehen - das war ein Riesenerfolg. Ein Kollege von früher sprach ihn letzte Woche im Gysenbergpark an: „Hör mal, ich hab dich da im Fernsehen gesehn. Wie du jetzt sprichst: Einsame Klasse!"

Wenn
die Gäste ‚Tonio' rufen

Der ewige Kampf
gegen die Vorurteile der Mitmenschen

Die erste Frage weckt Mißmut. „Familie", sagt Giacomo Bascone
ärgerlich, „warum fragen Sie nach der Familie." Sekunden ist unser
Gespräch erst alt, da hat der Sizilianer das Wichtigste schon unmißver-
ständlich klargestellt: Mit Vorurteilen will er nichts zu tun haben, mit
keinerlei Vorurteilen. Bascone ist Bascone. Basta.

Es ist nicht immer leicht, das durchzuhalten. Bascone ist Gastwirt,
Inhaber und Kellner eines italienischen Restaurants. Da passiert es
schon mal, daß ein angeheiterter Gast ihm leutselig „Tonio!" ruft, oder
was den Leuten sonst an typisch italienischen Namen in den Sinn
kommt. „Allerdings", sagt Bascone, „genügt dann meistens ein intelligenter Blick."

Er hat sich die intelligenten Blicke angewöhnt, als Schutzwall und
Bremse gegenüber Leuten, die meinen, ihn als „den Italiener" in eine
Denkschublade packen und dort vergessen zu können. Bascone ist als
Kind nach Deutschland gekommen, als Sohn eines „Gastarbeiters" und
er kennt alle Probleme, die Ausländer hier haben. Vor allem die
Probleme ihrer Kinder.

Giacomo Basone ist nicht der Mann, Vorwürfe auszusprechen. Er hat
lange nachgedacht; darüber, wie Ausländer in der Bundesrepublik leben
und wie die Deutschen mit ihnen umgehen. Was dabei herausgekommen
ist, ist kritisch, auch ein bißchen traurig, wenn auch auf aggressive Art
traurig: Bascone greift niemanden an, aber er nimmt auch nichts hin. Sein
Leben lang wird er sich gegen das italienische Klischee zur Wehr setzen.

Ob ein Deutscher das verstehen kann, wie sehr es einen Mann treffen
muß, der im Ruhrgebiet aufgewachsen ist und der jeden Sommer wieder
von irgendeinem Nachbarn angesprochen wird: „Heiß heute – na, aber
Sie sind das ja gewöhnt!" Bascone meint: Nein.
Die Deutschen verstehen das nicht. Sie meinen es nicht böse, aber sie
verstehen es nicht.

Als er kam, war er so unglücklich, wie ein Ausländerkind es hier nur
sein kann. „Stellen Sie sich vor – dieses neunjährige Kind, das aus der
Sonne heraus kam, hierher ins Dunkle – mit fremden Geräuschen
praktisch abgekühlt wurde... und immer dieser graue Himmel!" Noch
heute ißt er weder Bienenstich noch Leberwurst; beides ist für ihn zum

Inbegriff der ersten Jahre geworden. Diese Jahre waren so schlimm für ihn und seine fünf Geschwister, daß die Kinder die Eltern zwangen, nach Sizilien zurückzukehren.

Die Geschichte der Familie Bascone ist eine Geschichte der Irrfahrten. Nein, Bascone würde das bestreiten – nicht wegen der Irrfahrten, sondern weil wieder das Wort „Familie" gefallen ist. So stark ist seine Abneigung gegen die Vorstellung von der sizilianischen Großfamilie, die allen Unbilden des Lebens durch unverbrüchlichen Zusammenhalt trotzt, daß er nur im äußersten Notfall die Zuordnung gelten läßt.

Es dauert eine Weile, bis ich die Logik begreife, mit der das Gespräch immer wieder an diesen Punkt zurückkehrt: Die Frage nach der Identität stellt sich ihm, seit er ein Kind war. Jedes Gespräch, das von seiner Person handelt, muß sich gegen Vorurteile abgrenzen – auch da, wo sie gar nicht vorhanden sind.

Die Eltern hatten ein Lebensmittelgeschäft auf Sizilien. Als der Vater 1961 zum erstenmal nach Deutschland geht, ist der Laden so gut wie pleite. „Die Leute hatten kein Geld, und sie wollten immer nur auf Kredit kaufen." Der Vater dachte, was fast alle dachten: Er wollte ein paar Jahre bleiben, Geld verdienen, und dann zurückkehren. Er hielt es zwei Jahre aus.

Bascone hat Mühe, die Jahreszahlen auseinanderzuhalten. Zusammen zählen wir nach: Insgesamt viermal geht der Vater in die Bundesrepublik, nach Essen, wo er eine Weile unter Tage arbeitet; dann nimmt er verschiedene Stellen in der Industrie an. Zwischendurch kehrt er nach Hause zurück, versucht es als Schrankenwärter; ist unzufrieden, geht wieder nach Deutschland. Diesmal holt er seine Frau und die Kinder nach. Giacomo, der Älteste, ist neun, bis zu seinem 14. Lebensjahr reist die Familie noch zweimal hin und her. Als sie 1970 endgültig dableiben, hat der Sohn gerade in Italien die Schule abgeschlossen. „Ich bin der einzige, der schlecht abgeschnitten hat", sagt er. „Deshalb habe ich meine Geschwister so unterstützt – ich habe dafür gekämpft, daß sie alle eine qualifizierte Ausbildung bekommen."

Es geht gegen den Widerstand des Vaters, der immer noch glaubt, alle zusammen würden eines Tages heimkehren. Giacomo schafft es trotzdem: Die Brüder werden Maurer, Automechaniker, Elektriker, einer macht das Abitur, studiert Maschinenbau. Die Schwester wird Friseuse. Bascone kann zufrieden sein. Aber er hat so viele persönliche Opfer gebracht, daß er heute sagt: „Ich glaube, das würde ich nicht noch mal machen."

Mit 15 fängt er eine Lehre in der Gastronomie an, nach einem Jahr bricht er sie wieder ab: „Weil meinem Vater das Wasser bis zum Hals stand." Zwei Jahre lang verdient er „gutes Geld" als Saisonarbeiter, auf einem Rheindampfer. Er ist 16, 17 Jahre alt, und er arbeitet manchmal

17 Stunden am Tag. Das Geld schickt er nach Hause. „Meine Freunde gingen in die Disco – das konnte ich nicht. Ich bin mit vier Mark fünfzig in der Tasche rumgelaufen."

Bascone lächelt. Das geräumige Wohnzimmer in grüner Bochumer Lage ist mit allen Attributen gediegenen Wohnstils ausgestattet. Wir sitzen in schwerem Leder, trinken aus geschliffenem Glas. An der Wand hängt eine Statue der Madonna. Hat er es geschafft? „Wir sind letztes Jahr zum erstenmal in Urlaub gefahren. Bis dahin hatten wir das Geld nicht." Bascone ist 27.

Zielstrebig und mit ungeheurer Zähigkeit ist er ein- und aufgestiegen. Hat ein eigenes Restaurant aufgemacht, in der er selbst Kellner ist. Ein stolzer Kellner. „Das ist nicht so einfach, wie die meisten Leute denken. Wenn man gutes Geld verdienen will, muß man etwas leisten, auch geistig. Kellner-Sein, das ist mehr als Pizza-Schleppen."

Mit der Pizza hat er es nicht. Er hat andere Vorstellungen, andere Ansprüche, auch an seine Gäste. „Gut – wenn jemand Pizza bestellt, wir diskutieren nicht. Aber wenn wir schon sehen, daß jemand anfängt, eine Vorspeise auszusuchen, dann schlagen wir zu." Wir, das ist neben Giacomo sein Bruder Josef, der Student, der ihm abends hilft. Nein, ich stelle die Frage nach dem Familiensinn jetzt nicht.

Eine andere Frage ist ansprechbar: Ist Bascone Italiener? Deutscher? Er sagt: „Ich fühle mich als Italiener." Er sagt auch: „Meine Heimatstadt ist Essen."

Er behauptet: „Ich denke italienisch, auch heute noch!" Seine Frau wirft dazwischen: „Aber im Schlaf redest du deutsch!!" „Natürlich", sagt Bascone: „Das kommt doch darauf an, mit wem ich im Traum rede."

Er will sich nicht zu etwas bekennen, was er nicht ist. Man sollte wohl besser sagen: Er will sich nicht zu etwas bekennen, wozu er sich einfach nicht bekennen will. Was das konkret ist, weiß er selbst nicht recht in Worte zu fassen. Wahrscheinlich ist das auch gar nicht möglich. Bascone will einfach in seiner Doppelrolle anerkannt werden. Die Menschen sollen akzeptieren, daß er Italiener ist, aber sie sollen keine Schlüsse daraus ziehen. Welche Schlüsse? Egal. Gar keine.

Bascone gibt zu, daß auch seine Eltern Vorurteile haben. Daß Giacomo und sein Bruder deutsche Frauen geheiratet haben, ist ihnen genauso schwer gefallen wie Giacomos Schwiegereltern der Umgang mit ihm. Inzwischen haben sich alle daran gewöhnt. „Das ist das Entscheidende", sagt Bascone, „die Gewöhnung." Es hindert ihn nicht, in sanfter Verbitterung festzustellen: „Ich verstehe die Leute. Aber die verstehen mich nicht."

Den
Mephisto hätte ich gern mal gespielt

Aber der Drache läßt den Krimi nicht

Dreimal bin ich bei rot über die Ampel gefahren, viermal ganz knapp bei gelb. Aber als ich Heinz Drache in der Hotelhalle etwas gehetzt frage: Sie fahren wohl gern Auto? da lächelt er arglos: „Ich hätte natürlich auf Sie gewartet!" In Wirklichkeit ist er von den Düsseldorfer Kammerspielen nach Neuß gezischt wie ein Komet, dessen Schweif ich gefolgt bin, ohne nach rechts oder links zu sehen; das Berliner Nummernschild mit der stolzen Buchstabenfolge fest im Auge: HD. Heinz Drache. Was sonst.

Als wir uns endlich gegenüber sitzen, er mit einem Alt gegen den Durst, ich mit einem Glas Wein zur Gesellschaft, geht es auf Mitternacht. Man redet um diese Zeit nicht mehr streng nach Plan; eher querbeet, was einem zur sanften Musik–Kulisse so einfällt. Er lebt gern in Hotels, sagt er und lächelt mit einem gewissen verbindlichen Charme; aber: „Es muß natürlich eine kultivierte Atmosphäre sein." Ich sehe mich unauffällig um: O ja. Sehr kultiviert.

Das Stück, in dem ich ihn gerade gesehen habe, hat mich überrascht. Boulevard hätte ich erwartet, irgendwas Spritziges, Elegantes; eine Rolle, die an den smarten Kommissar ungezählter Edgar–Wallace–Filme erinnert hätte, oder an das unvergessene ‚Halstuch'. Aber nein, diesmal lächelt er mit distingierter Nachsicht, er hat ja jahrelang die großen Rollen gehabt, unter Gründgens, und auch später; und nach all dem seichten Zeug, das heute geboten wird, hat ihn die Rolle des Psychiaters einer todkranken Frau gereizt. Obwohl – und jetzt lächelt er wieder verbindlich: „Es ist ja ein gewisses Handicap, die Leute sind es einfach nicht gewöhnt – und wenn sie ins Theater gehen und ich spiele, dann wollen sie mich auch in der Hauptrolle sehen."

Nein, das Umschalten fällt ihm nicht schwer, auch nicht nach diesem sehr aufwühlenden Stück: „Das ist ja unser Beruf"; im Gegenteil, und wird fast vertraulich: „Ich kann mich jetzt ganz ruhig unterhalten, weil ich wieder mal froh bin, daß es vorbei ist" – jedesmal hätte er Angst vor dem Auftritt, so ab fünf, sechs Uhr. „Da geht es los..."

Übrigens ist er ein alter Profi, wenn die Bezeichnung gestattet ist, wobei das Wörtchen „alt" einerseits freundlichen Widerspruch, andererseits aber auch einen amüsierten Einschub verlangt. Bei der Beschäftigung mit Heinz Draches Lebenslauf sind mir nämlich nicht weniger als drei verschiedene Geburtsjahre untergekommen, und ich kann nicht glauben, daß das so ganz ohne sein Zutun zustande gekommen ist. Tatsächlich kommt bei ernsthaftem Nachrechnen heraus, daß das früheste (und also uncharmanteste) Datum das richtige sein muß: Andernfalls hätte er schon mit 16 das Abitur gemacht, und daß er ein Streber oder auch nur ein besonders fleißiger Junge gewesen wäre, das behauptet er nun wirklich nicht. Also, er ist 62; aber wir wollen ehrlich sein: Man sieht es ihm nicht an.

Unbestritten ist jedenfalls, daß er seit mehr als 40 Jahren auf der Bühne steht, und rechnet man das Podium der Essener Alfred–Krupp–Schule dazu, dann sind es beinahe 50. „Wenn irgendein Baldur–von–Schirach–Gedicht aufgesagt werden mußte, dann war ich der Sprecher", sagt er, und sagt es noch immer mit Stolz. „Und mit 14 konnte ich den ganzen Faust auswendig." Ich weiß. Es steht in all den Lebensläufen, die sich bei seinem Geburtsjahr so verschämt winden.

Querbeet. Wie er von Goethe auf Wallace gekommen ist? Die Frage hört er nicht ganz so gern. Da winkt er ab, sagt gedehnt: „Ach wissen Sie..." und gibt sich dann doch einen kleinen ehrlichen Ruck und gesteht freimütig, daß man ihm einmal im Leben den Schluck aus der Pulle angeboten hat, „und den habe ich auch genommen – ich hätte mein schönes Haus in Dahlem nicht, meinen ganzen Lebensstil..."

Über die Anfangsjahre spricht er am liebsten. Er hat immer gern auswendig gelernt, sagt er; wenn sie von der „Glocke" die ersten zwei Strophen lernen sollten, konnte er sie am nächsten Tag alle. Und dann aber der Faust: Die Sprache! sagt er, bekommt einen fast schwärmerischen Blick und setzt zum Beweis mit seiner sonoren Stimme an: „Die Sonne tönt nach alter Weise; nicht wahr, das fand ich herrlich, ich dachte, das muß man können! Da kann man nicht nur lesen, da muß man mit durch den Wald gehen!... ich hätte früher gern mal den Mephisto gespielt, aber es hat sich nie ergeben..." Etwas kühler setzt er hinzu: „Ich habe mal bei Gründgens einen der drei Erzengel gemimt. Na Ja. Die Rolle hat acht Zeilen."

Mit 14 hat er heimlich die Aufnahmeprüfung der Folkwangschule bestanden, aber dann mußte er doch absagen, weil der Vater, ein ordentlicher Essener Kaufmann, entsetzt: Nein! sagte. Den nächsten Anlauf zur Bühne nahm der Sohn in Nürnberg schon als Soldat; „Flieger Drache". sagt er und zaubert ein jungenhaftes Lächeln hervor, „ich war damals Flieger Drache!" Ein talentierter junger Mann, der nicht an der Front war – das war eine Rarität in Deutschland 1942; der Intendant erwirkte „Theater-Urlaub" für ihn, im Weihnachtsmärchen glänzte er mit seiner ersten Rolle: Prinz Wunderhold. Ich sehe ihn zweifelnd an, aber diesmal lächelt er gar nicht.

Die Musik spielt leise. Nein, wir kommen weder auf Durbridge noch auf Wallace zurück, aber dem Krimi entkommen wir doch nicht. Von den sieben Jahren mit Gründgens erzählt er, von dem er so viel gelernt habe, von seinen späteren großen Bühnen–Erfolgen, zum Beispiel in der „Meuterei auf der Caine" – da spielte er den Verteidiger, und er sinniert, daß er sich als junger Mann damals auch für Jura interessiert habe, vielleicht daher sein Interesse für diese Rollen, für die Anwälte und Kommissare... Da wären wir ja wieder beim Thema, und im November ist er tatsächlich wieder in einem Fernsehkrimi zu sehen; warum – ja, warum; es hat ihn gereizt, nach 15 Jahren Enthaltsamkeit, und es ist ja auch so, daß er einen anderen Kommissar spielt, nicht so einen wie Schimanski und wie sie alle heißen, etwas eleganter...

Wir sind die letzten im Restaurant. Man hat den hohen Gast diskret darauf aufmerksam gemacht, daß die Bar noch geöffnet ist; also gehen wir rüber. Es ist schon ein hübsches Gefühl, an der Seite eines Mannes zu sitzen, dem alle Blicke gelten; er merkt es, ich merke es, und er erzählt von Berlin, von zu Hause, wo er gern in Gesellschaft geht, schon seiner Frau zuliebe, sagt er und nutzt die Gelegenheit, ein bißchen zu schwärmen: Daß sie heute noch attraktiver sei als früher; und seine schönen Töchter erwähnt er auch gleich mit.

Die Familie und die Freunde und das angenehme Leben – das Thema liegt ihm am Herzen, genau wie alle die schönen Erinnerungen an die Flicki und die Bergner und den Knuth; denn das Theater und seine Sterne sind das eine, aber die andere Welt, in die er den Glanz seines Namens mit herüberträgt, die ist das andere – und von den Festen, die er feiert, kommt er mit unvermittelter Trauer auf Axel Springer zu sprechen, der ihm ein enger persönlicher Freund gewesen sei; und überraschend fügt er an, daß sie beide durch die Religion tief verbunden gewesen seien.

Ich mache keinen Hehl aus meinem Staunen und brauche es auch nicht; Heinz Drache hat darauf gewartet und berichtet nun mit heiterer Genugtuung, daß er eine Rarität ist unter den Schauspielern: „27 Jahre mit derselben Frau verheiratet!" sagt er; ob ich nicht damals gelesen hätte, wie er sich zu seiner Silbernen Hochzeit noch einmal mit Frau Rosemarie habe trauen lassen: „Mit Ministranten sind wir in die Kirche eingezogen! Das ist natürlich eine Besonderheit."

Natürlich. Plötzlich fällt mir wieder ein, daß vorhin im Theater die älteren Damen im Publikum ein–, zweimal erschreckt „oh" gemacht haben. Heinz Drache nickt meiner Frage nach, dann erklärt er ernst, daß er die anstößigsten Stellen aus dem Text eigenhändig rausgestrichen hat.

Es ist spät geworden, sehr spät. An der Tür wende ich mich zögernd um. Ich würde gerne noch eine Frage stellen – diese Frage, die er auf der Bühne, als Seelendoktor, sehr nachdenklich beantwortet: „Der Sinn des Lebens ist das Leben selbst", aber dann denke ich an alles, was er heute abend gesagt hat, und lasse die Frage ungestellt.

Paar
Löcher in ein Brett
und ne Dose geknickt –
na wissense!

Bruno Unkhoff:
Bildhauer, Kneipier, Urviech; Lebensakrobat

Man hat ihn mir als ein Urviech geschildert. Es ist was dran an der
Beschreibung: Breit und fest sitzt Bruno Unkhoff auf der Bank in seiner
Stammkneipe. Eine schöne Wölbung unterm Hemd spricht von vielen,
vielen Pils, die hier Platz gefunden haben; listige kleine Augen verraten
den Lebensakrobaten. Den weitaus größten Teil seiner 53 Jahre hat er
damit verbracht, auf dem halsbrecherischen Grat zwischen Broterwerb
und Kunst zu tanzen, mit der Verpflichtung als fünffacher Familienvater
als Balancierstange.

Bruno trinkt wie ein Weltmeister, in großen genießerischen Schlucken.
In der Bildhauerei hat er es nicht ganz so weit gebracht, er gesteht es
freimütig und ohne Groll. Den ganz großen Anspruch hat er auch gar
nicht: „Es gibt so viele wunderschöne Sachen – daß man sich da
überhaupt traut, auch noch was dabei zu stellen..." Allerdings, in
Wanne–Eickel ist sein Name ein Begriff.

Unhoff arbeitet gern mit Schrott: „Das hat mich schon immer fasziniert; wenn Stahl gegossen wird, dann schwappen immer aus den
Kokillen solche Dinger über – das sieht ein bißchen aus wie beim
Bleigießen. Oder beim Glas – wenn die Glaswanne sauber gemacht wird, dann wird das rausgeschlagen; dann bleiben solche
Blöcke über, die ganz komisch brechen. Sowas verarbeite ich. Eben
Sachen hier aus der Region." Na ja, es ist nicht nur die Heimatliebe, die
ihn zum Industriemüll trieb. Das Material durfte auch nicht viel
kosten.

Bruno Unkhoff hat so etwas wie eine Lebensphilosophie, aber es ist
nicht so leicht, ihm die zu entlocken. Ihm liegt die hochgestochene
Ausdrucksweise nicht, ebenso wenig wie die abgehobene Kunst. Über
seine Kollegen vom nicht–gegenständlichen Ufer hat er ein paar abfällige
Bemerkungen bereit: „Diese Mafia der Abstrakten – in den 50er, 60er
Jahren, da war ja überhaupt keiner 'in', der anders gearbeitet hat. Da

haben sie ein paar Löcher in ein Brett gemacht, oder ne alte Dose geknickt und irgendwie auffen Ständer getan: Ja, wissense!"

Bruno Unkhoff hat da ganz andere Vorstellungen von der Kunst, und die läßt er sich nicht nehmen, auch wenn er weiß, daß einige Kollegen sagen, Mensch, das ist ja fast schon Kitsch. „Aber ich mein' doch, daß das die Aufgabe eines Bildhauers ist, daß man immer wieder eine Saite zum Klingen bringt – also eine Hoffnung zum Tragen – daß man sagt, der Mensch hat doch auch, der ist ja nicht nur einfach... aach, die sind ja nicht alle böse!"

Bruno sagt es knapp und klar: Die Welt an sich ist schlimm genug, Kriege, Hunger, Umweltzerstörung. „Man kann doch einfach mal ne nette Sache machen – es muß ja nicht alles mies gemacht werden, ne? In dieser Art."

In seinem Atelier – einer alten Scheune – hat er mir eine Holzplastik gezeigt, mit der er recht erfolgreich war: „Die Familie"; Vater und Mutter, die sich über ein Kind beugen. „Das find' ich ganz toll", sagt er, „so die Idee, daß die beiden zusammen das Kind beschützen. Das ist doch was Schönes. Da werd' ich doch keine Disharmonie reinbringen." Bruno lauscht seinem Satz nach, dann grinst er spöttisch. „Naja. Nicht, daß Sie jetzt denken, das war das Wort zum Montag."

„Die Familie" hat er vor allem an Sparkassen verkauft. Im Atelier zeigt er mir die Drechselmaschine, mit der man sowas macht: vier Plastiken auf einen Streich. Kunst? „Ja, hör'n Sie mal", blinzelt er, „was glauben Sie, wie das in Oberammergau zugeht? Da sitzt der Herrgottschnitzer mit dem langen Bart vorne an der Tür, und hinten drechseln die Bauernjungen die Dinger in Serie."

Bruno weiß Bescheid. Selbstkritik ist die eine Sache, der Selbsterhaltungstrieb die andere. Er hatte eine siebenköpfige Familie zu ernähren, da relativiert sich der Kunstbegriff von selbst. In der Not hat er nicht nur Schulden gemacht, sondern auch mal Rätsel für Zeitschriften ausgetüftelt und Horoskope verfaßt. Kunst, das Wort paßt ihm nicht so richtig. Einerseits hat er einige Preise bei Ausstellungen und Wettbewerben gewonnen. Aber vieles von dem, was er modelliert hat, diente doch vor allem dem Broterwerb – heute liegt ihm das ganz schön im Magen: „Was soll man machen, wenn es heißt, mach' das so und so, sonst kriegst du den Auftrag nicht."

Er ist gewiß nicht der Mann, sich ein Gewissen daraus zu machen: „Wo kein Schatten, da kein Licht", sagt er gemütlich. „Na ja. Aber das war schon manchmal schlecht." Wenn er mal im Lotto gewinnt, dann kauft er das alles auf und stampft es ein. Ähnlich.

Andererseits – die Kunden sind auch nicht immer freundlich mit ihm umgesprungen. Es gehört schon eine ausgesprochen glückliche Natur dazu, Geschichten wie die von dem Konditor zu verkraften, der das Porträt seiner Tochter in Naturalien bezahlte. „Da rief eines Tages eine empörte Mutter bei uns an, die fragte, ob das denn wohl die richtige Erziehung wäre, wenn die Kinder statt Butterbrote Torte mit in die Schule kriegten..."

Vaterpflichten und Künstler–Verrücktheit – Unkhoff leistete sich beides. Die ständigen Geldsorgen hinderten ihn nicht, eines nachts am Tresen ein Rennpferd zu kaufen – für 3000 Mark, er hatte gerade einen Vorschuß bekommen. Er kriegt heute noch ein Glitzern ins Auge, wenn er daran denkt: „Der einzige Bildhauer mit nem eigenen Pferd, ha – dabei war ich noch nie auf ner Rennbahn gewesen!" Frau Annemarie allerdings, der er den Gaul verehrte, war nicht direkt entzückt. „Die hat gesagt, paß mal auf, wenn du das Trinken nicht sein läßt..."

Im Grunde ist er ein Familienmensch. Allerdings – er sucht sich schon die Wege, die Pflicht und Neigung in Einklang bringen. Als das Geld hinten und vorn nicht reichte, um den Kindern eine ordentliche Schulbildung mitzugeben, sagte er sich: So. Dann mach' ich eben Schluß mit der Bildhauerei und werd' Kneipier. Ein Beruf, der ihm weiß Gott lag.

Die Kneipe brachte nicht nur Geld, sondern auch einen Heidenspaß. Das war schon ne Granate, dat Ding!" erzählt er begeistert. „Das war eine der besten Kneipen im Ruhrgebiet. Die Leute sagten nicht, ich geh ins Monopol – die sagten: Ich geh zu Bruno."

Er machte eine Art Kulturbetrieb daraus, ließ unbekannte junge Künstler ausstellen, veranstaltete Autorenlesungen, holte Jazz-Musiker in seine Pinte. Aber das Unternehmen lief nur so lange, wie Bruno sich nicht um das Geschäftliche zu kümmern brauchte. Als Annemarie Unkhoff krank wurde, ging die Sache den Bach runter. „Ich hab das echt den Überblick verloren", sagt er ohne Trauer. „Da kam das Finanzamt, Rechnungen ... das war dann das Ende vom Lied."

Es sieht so aus, als wäre es wirklich das Ende. Heute lebt er von Arbeitslosenhilfe, übt im Atelier ein bißchen für den großen Auftrag, auf den er immer noch hofft. Er würde gern mal mit Blinden modellieren, „auch für lau. Die haben ein sagenhaftes Fingerspitzengefühl." Ja, er möchte noch mal was Neues anfangen, und man traut es ihm auch zu. Man kann sich zwar nicht so richtig vorstellen, wie das gehen soll – aber Bruno Unkhoff wird schon einen verrückten Weg finden. Er bringt das.

Glück,
Pech – und nicht zu wenig

Dat is der Roth
vonne Trabrennbahn

Dieser Willi Roth hat mich 12 Mark 50 gekostet. Nein, ich will nicht lügen, zweifünfzig habe ich im dritten Rennen auf ein anderes Pferd gesetzt, aus Trotz, weil ich schon einen Zehner auf meinen hohen Favoriten verloren hatte; aber auch der Gaul hat nur den vierten Rang belegt. Der alte Herr, der mir nur zu gern geholfen hat, den Wettzettel auszufüllen, schmunzelt. Nicht direkt schadenfroh, aber doch mit der Miene dessen, der es ja gewußt hat. Er hat mir abgeraten, auf Mister Mannetot zu setzen, das Pferd, mit dem Willi Roth an den Start ging: „Datt war nix", hat er gesagt und skeptisch seinen Kopf gewiegt. Andrerseits war er auch wieder angetan von meinem unvernünftigen Leichtsinn: „Wer nicht wagt, der nicht gewinnt", hat er schließlich zugestimmt und mir gezeigt, wo ich das Kästchen ankreuzen muß, und dann hat er mich in die Geheimnisse des Pferderennens eingeweiht: „Datt geht hier auch nich danach, wie gut datt die Färde in Form sint. Datt geht auch danach, wer von den Fahrern dran is mit Gewinnen. Könn Se mir glauben, ich geh jetz fünfzig Jahre hierhin, un letzten Sonntag hab ich noch 269 Mark gewonnen."

Das mit der Schiebung wollen wir mal so stehen lassen, ich weiß es nicht und will es nicht wissen, soll ich etwa den armen Willi Roth danach fragen? Wir sitzen in dem kleinen Büro neben dem Stall, und ab und zu wiehert einer im Hintergrund. „Mein Leben hat sich nur auf der Rennbahn abgespielt", sagt der Berufsfahrer unerwartet nachdenklich. „Und man merkt gar nicht, daß man dabei alt wird."

Er ist ein Draufgänger, aber treu wie Gold. Mit 14 ist er von zu Hause abgehauen, der Pferde wegen, und ist nur sehr widerwillig wiedergekommen. Aber der Vater bestand darauf, daß er eine Lehre machte: Wenn der Junge schon nicht Dreher oder sonst was Ordentliches werden wollte, dann sollte er wenigstens richtig Pferdewirt lernen, statt nur so bei den kleinen Trainern rumzuhängen und als Pfleger ein paar Mark zu verdienen; ein toller Job zwar für einen Vierzehnjährigen, aber völlig ohne Perspektive. „Aber in dem Alter, da schaust sowieso nur von hier bis zur Tür, nich weiter", sagt Willi Roth versonnen.

Vater Roth ließ ihn gewähren, aber er behielt den Überblick. Wie schwer ihm das gefallen sein muß, kann der Sohn erst heute ermessen.

Sein eigener Sprößling, sagt er bekümmert, hat kein Interesse an den Pferden. Der lernt Heizungsmonteur. „Dabei hätte der doch hier den Stall übernehmen können." Aber ganz wie sein eigener Vater beißt er die Zähne zusammen: „Mir wär' nie in den Sinn gekommen, den Jungen zu quälen."

Stattdessen quält er sich selbst. Oder nicht? „Ist der schönste Beruf der Welt", sagt er, aber im nächsten Satz gibt er zu: „Man muß schon sehr gesund sein, um das durchzustehen. Viele Trainer haben Rückenschmerzen und an den Bronchien; man ist ja bei jedem Wetter draußen."

Man muß sich das mal vorstellen: Jeden Morgen im Training, fast jeden Abend im Rennen. Trotzdem spricht Willi Roth noch heute davon, daß ihm das alles einen Mordsspaß macht. Muß es wohl auch, wenn man so erfolgreich ist: Vor 14 Tagen hat er seinen 2000. Sieg eingefahren. Was sind dagegen meine zehn verwetteten Mark? Pech hat jeder mal.

Und Pech hatte auch der erfolgreiche Willi Roth in seinem Leben. Damals, als er nach der Lehre anfing, die ersten großen Rennen zu gewinnen, sah es allerdings so aus, als wären die schlechten Zeiten nicht für ihn gemacht. Er war ein Sonnyboy, und er genoß es. Ob er sich toll gefühlt hat? „Ja, was meinen Sie denn!" Er strahlt, als wäre es gestern gewesen: „So jung schon so viel Erfolg! Wenn du irgendwo reinkommst und die sagen, datt is der Roth vonne Trabrennbahn; is schon toll." Natürlich frage ich ihn, ob er über soviel Glanz nicht ausgeflippt ist; natürlich winkt er ab: „Ich bin immer ... so geblieben ... ich mag diese Leute nicht, die so angeben..." Aber dann fügt er schlicht und ehrlich hinzu: „Man kann sich selber ja schlecht beurteilen." Denkt eine Sekunde nach und sagt in verblüffender Bescheidenheit: „Und so doll war das ja auch nicht." Nein – ich nehme ihm das ab, daß ihm der Ruhm nicht zu Kopf gestiegen ist.

Auch der maßlose Glücksfall nicht, der ihn zum Trainer des Stalles Kurier machte. Er bekommt ja immer dieses Leuchten ins Auge, wenn er von vergangenen Triumphen spricht, aber bei dieser Geschichte strahlt er wie ein Weihnachtsbaum. Er war jung, und er wollte selbständig sein, „also", sagt er, „habe ich mir ein Herz gefaßt und den Herrn Geldbach gefragt, der war hier Vizepräsident und der entscheidende Mann, den hab' ich gefragt, ich hab' jetzt meine Trainerprüfung gemacht, hätte ich wohl mal ne Chance, in Gelsenkirchen nen Stall zu kriegen? – Sagt er, nee, mein Junge, datt tut mir leid, is alles besetzt." Ich werde ganz still, so traurig erzählt Willi Roth die Geschichte. Aber dann macht er eine kunstvolle kleine Pause, und als er weiterspricht, tönt ein Jubel in seiner Stimme, als wäre soeben alles Glück dieser Welt über ihn hereingebrochen: „Sagt er, aber wenn Se wollen, können Se meine trainieren." Er sieht mich an, und ich muß mich mitfreuen, wie er eindringlich beharrt: „Können Sie sich das vorstellen? Das ist, als wenn Sie einen mit'm Hammer kriegen! Als wenn jemand sagt, Sie haben sechs im Lotto! Ich hatte an nen kleinen Stall gedacht, zehn Boxen oder so, und dann sagt auf einmal der größte Stall, der überhaupt im deutschen Trabrennsport existiert: Wenn Se wollen, können Se meine trainieren."

Er hat zwölf fette Jahre. Willi Roth gewinnt das Derby - „Das ist bei uns im Sport das allergrößte"; gewinnt 89 Zuchtrennen, kassiert Erfolg um Erfolg. Und dann fällt er auf die Nase.

Der Stallbesitzer stirbt, die Erben lösen den Stall auf. Und Trainer Roth steht da wie Pik Sieben, kennt niemanden, hat sich völlig abhängig gemacht von einem Mann, und jetzt ist er allein.

Nein, er ist nicht allein. Er kennt keine Besitzer, das ist wahr, aber er hat Freunde, die ihm helfen wollen. Wie sie das machen? Ganz einfach. Die Freunde werden Besitzer.

Es sind vor allem die Spieler von Schalke. „Meine ganzen Freunde hab' ich im Fußball gefunden", sagt Roth. „Rüßmann und Fischer sind diese Leute. Ist ja auch kein Wunder, wenn man bei Schalke gleich nebenan wohnt. Und überhaupt, wenn man Gelsenkirchener ist."

Die Fußballer sind die ersten, die Pferde anschaffen, um sie von Willi Roth trainieren zu lassen. „Die hatten Spaß an dem Sport, waren renntags immer hier, haben selber teilweise auch gefahren. Genau wie ich bei jedem Spiel dabei war. Und dann war Klaus Fichtel damals, und Rolf Rüßmann, und Fischer, und Nigbur - die haben Pferde gekauft, praktisch, um mir zu helfen. Und das vergesse ich diesen Jungens auch nicht." Diesmal kommt das Strahlen aus vollem, dankbarem Herzen.

Fette Jahre, magere Jahre - es sieht so aus, als ginge es im Moment mal wieder auf knappere Zeiten zu. Die Leute halten ihr Geld zusammen, „der normale Arbeiter", sagt Willi Roth, „der früher 50 Mark hatte zum Wetten, der hat jetzt vielleicht noch 30. Und die kleinen Besitzer, die zwei, drei Pferde hatten, die halten jetzt nur noch eins." Immer noch ein teures Vergnügen: 29 Mark Trainingsgeld kostet so ein Pferd am Tag, rund 900 Mark im Monat, dazu kommt die Boxenmiete. Schmied, Tierarzt - „also, Sie müssen rechnen: 1200 Mark. Wer kann das schon?" Wohl wahr.

Sorgen? Er macht sich keine richtigen Sorgen, noch nicht. „Sicher, es finanziert sich letzten Endes alles durch die Wetteinsätze, und wir sind am Ende der Kette" – aber Willi Roth ist nicht der Typ, der zittert, bevor es losgeht. Hat er nicht ganz unten angefangen? Ist er nicht jedesmal, wenn das Schicksal ihm ein Beinchen gestellt hat, wieder in den Sulky gekommen? Ja, soll er denn tatsächlich darüber jammern, wie die Sache nächstes Jahr aussehen könnte? Der Willi Roth wird noch manches Rennen machen, da bin ich ganz sicher. Und wenn Sie es genau wissen wollen - ich bin bereit, noch mal einen Zehner darauf zu verwetten.

Mädle,
du muscht in die Politik

Hildegard Hamm–Brücher: Eine Frau
wie Daniel in der Löwengrube

Man muß sie lieben oder hassen. Aufrecht und schmal, ungebeugt und ungeschminkt sitzt Hildegard Hamm-Brücher auf ihrem harten Bürostuhl. Ihr Lächeln ist voll Charme, aber die klaren Augen halten den Besucher mit unerbittlicher Freundlichkeit fest: Eine Frau ohne Lauheiten; so unerschütterlich überzeugt, das Richtige zu tun, daß sie Widerspruch auslösen muß.

Ist es Zufall oder Absicht, daß wir auf Daniel in der Löwengrube zu sprechen kommen? Hildegard Hamm-Brücher ist eine kluge Frau; aber ist sie auch eine gewiefte, eine schlaue Frau? Daß sie mir den Ball mit der Daniel-Geschichte absichtsvoll zugespielt hätte, ist jedenfalls abwegig, dazu müßte sie zu allem parlamentarischen Talent auch noch eine exzellente Schauspielerin sein. Was sie nicht ist: Sie ist von geradezu erschreckender Ehrlichkeit. Inszenierungen passen dazu nicht; noch nicht einmal die Rede gegen den Koalitionswechsel ihrer Partei vor gut zwei Jahren hat sie als Ereignis geplant: „Das war ja dann auf einmal eine große Rede", sagt sie, noch heute wie verblüfft.

Zu Daniel. Es fängt damit an, daß ich an der Bürotür dieses kleine Bild hängen sehe, einen winzigen Stich oder Druck von einer Landschaft: Das Rütli, steht in geschwungenen Buchstaben darüber; die Wiege unserer Freiheit. Dies Bildchen an der Stelle, wo andere Leute ihr Namensschild anbringen lassen: Da fragt man nicht nach diesem oder jenem. Da fragt man nach dem Liberalismus.

Sie lächelt ihr warmes, fernes Lächeln und sagt ruhig, ohne jedes Bemühen um intellektuellen Schein: daß Liberalität die Verwirklichung des eigenen Lebens in größtmöglicher Freiheit ist. Und die Gestaltung des Zusammenlebens von vielen Menschen, unter eben dieser Voraussetzung. Punktum.

Sie sagt die schlichten Wahrheiten mit solchem Nachdruck, als hätte sie sie soeben zum erstenmal formuliert. Als ich sie frage, ob sie denn dieses Ziel für sich selbst verwirklicht hat (und ich denke dabei natürlich an ihren Mann, der in der CSU ist, wie man weiß), da wehrt sie zunächst ab, in glaubwürdiger Bescheidenheit: „Verwirklichen - wann darf man das sagen? Ein so phantastisches Ziel je verwirklicht zu haben...!" Aber dann holt sie aus, spricht zum erstenmal den Punkt an, den sie immer wieder während unseres Gesprächs betonen wird als das Wichtigste, das Bestimmende, das sie geprägt hat wie nichts sonst. „Ich bin im Dritten Reich, in der Unfreiheit aufgewachsen. Und für mich stand am 8. Mai 1945 fest– ich engagiere mich für ein anderes Deutschland. Für mich war die Freiheit sozusagen die Offenbarung!"

Später wird sie erwähnen, wie heftig, wie erlösend sie diese Freiheit erleben konnte, denn an der Münchener Universität gehörte sie zum Umkreis der Geschwister Scholl, die ihren Mut, etwas gegen Hitler zu tun, mit dem Leben bezahlten. Hildegard Hamm-Brücher versäumt nicht zu betonen, daß es keine engen Freunde waren, daß sie auch damals noch gar nicht politisch dachte, sich lediglich wohlfühlte in einem Kreis philosophisch, religiös, politisch orientierter Studenten - sie ist nicht die Frau, aus einer solchen Bekanntschaft nachträglich Kapital zu schlagen.

Daniel in der Löwengrube - es ist ein Bild, das paßt wie selten eins. Es begegnet ihr in einem Kirchenlied, bei einem Studienaufenthalt in Amerika, gleich nach dem Krieg: „Ich weiß nicht, ob ich es noch zusammenbekomme", sagt sie nachdenklich, und sie fängt an, in ihrem Gedächtnis zu suchen: Plötzlich scheint es ihr wichtig, daß ich das aufschreibe. „Wage es zu sein wie Daniel", der erste Vers kommt noch glatt aus der Tiefe der vierzig Jahre, „wage es allein zu steh'n..." Jetzt wird es schwieriger: „Wage es ein Ziel zu haben, wage es ... dazu zu ... es vorzu ... na", unterbricht sie sich unwirsch, „wie war's denn? Wage es, es vorzuführ'n? Nein, das reimt sich nicht. Wage es..."

Was sie wagen soll und will, sie reicht es mir nach, in ihrer unnachahmlichen Art. Mitten in ihr Ringen um die letzte Zeile kommt die Aufforderung aus dem Bundeshaus, die Abgeordneten möchten zur Abstimmung erscheinen, ein Hammelsprung wird nötig. Entschuldigend winkt sie mir zu und verläßt mich, um über die Straße zu laufen, nicht ohne mir ein Manuskript zum Lesen in die Hand zu drücken und sich mit einer unerwartet lockeren Wendung zu verabschieden: „Ich geh' mal eben das Pfötchen heben!" Als sie wiederkommt, schwenkt sie einen Zettel: „Da haben Sie's!" und liest triumphierend, was sie aufgeschrieben hat: „Wag' zu sein wie Daniel, wage es, allein zu steh'n, wage es, ein Ziel zu haben, wage es - und laß es seh'n!"

Sie wurde Chemikerin, aber nicht aus Leidenschaft. 1939 macht sie das Abitur und wird zum Arbeitsdienst verpflichtet: „Dann brach im September der Krieg aus", sagt sie und unterbricht sich sofort, sensibel und genau. „Das heißt, wir marschierten in Polen ein und haben diesen Krieg vom Zaune gebrochen."

Für die Mädchen bedeutet das, nicht entlassen zu werden. Aber eines Morgens heißt es beim Appell: Ist hier eine dabei, die Medizin oder Chemie studieren will? Hildegard Brücher braucht eine Zehntelsekunde, um ihre Wünsche nach schöngeistigen Studienfächern fahrenzulassen. Wenige Tage später ist sie Studentin in München.

Daß sie promoviert, als Frau und in einer Zeit, in der, in der jungen Mädchen die Universitäten noch weitgehend verschlossen sind; dazu in einem naturwissenschaftlichen Fach - es ist ihr kein Thema. Ihr sind andere Dinge wichtig. Schon 1948 ist die gebürtige Essenerin Stadträtin in München.

Die Entscheidung für die liberale Partei fällt zugunsten einer Person: Theodor Heuss. Sein Ausspruch: „Mädle, du muscht in die Politik!" ist Legende geworden. Auch darüber spricht sie nicht viel. Aber daß sie „Theodor Heuss" sagt - nicht „der Herr Heuss", wie sie „der Herr Genscher!" sagt, das spricht Bände.

Sie geht ihren Weg schnurgerade, ohne jeden Bruch. Daß er in die Bildungspolitik führt, scheint ihr nur logisch: „Ich habe mir gesagt: Wir sind ein Volk von Nazis gewesen, und das werden wir aus einer gewissen Generation gar nicht rausbringen. Die einzige Chance, zu einer demokratischen, verfaßten Gesellschaft zu werden, geht über die Schule, die Erziehung." Antifaschismus als Triebkraft, immer und immer wieder - ist ein politischer Weg zwingender, ehrenwerter denkbar?

Und er führt, einleuchtend auch das, immer wieder ein Stück weit der Sozialdemokratie entgegen, zu der sie ein merkwürdig gespaltenes Verhältnis hat. Sie, die betont, daß sie niemals in die SPD eintreten könnte, wenn sie denn je mit ihrer Partei endgültig nicht mehr übereinstimmte - „ich könnte das gar nicht ... von jedem geduzt, und Genossin, und so..." sie spricht mit Wärme von den beiden SPD-Männern, mit denen sie in der hessischen Landesregierung zusammengearbeitet hat: „Georg August Zinn, ein richtiger Landesvater! Und Kultusminister Schütte, ein Bilderbuch-Sozialdemokrat, Bergmannssohn aus Wanne-Eickel - fünfeinhalb Jahre Volksschule, der alles über den Arbeiterbildungsverein, Nebenstudium gemacht hat, aber der gebildetste, der gescheiteste von allen ... diese beiden Männer habe ich einfach geliebt!" Daniel - damals, in einem reinen SPD-Landeskabinett, mußte sie es wohl noch am wenigsten sein.

Und heute? Erst wenige Monate ist es her, daß Hildegard Hamm-Brücher wieder einmal in die Löwengrube gegangen ist, als sie in einem Brief an die Delegierten des Bundesparteitages dringend forderte: „Unsere liberale Partei darf nicht zur Manövriermasse für Koalitionen und Opportunitäten umprogrammiert werden!" Starke Worte, die ihr wieder einmal nicht nur Freunde schafften. Fühlt sie sich nicht manchmal sehr allein? Die Antwort ist, fast gegen ihren Willen, ein Ja: „Ich finde, wer das nicht verkraftet, der sollte kein Politiker werden!"

Aber dann neigt sie den Kopf zur Seite und zeigt ein durchaus zufriedenes Lächeln. „Sehen Sie - ich bin im letzten Sommer gegen den Willen der Parteiführung aus dem Stand mit den meisten Stimmen in den Vorstand gewählt worden. Es heißt manchmal gern: Die sitzt da völlig verlassen und hoffnungslos - aber der Rückhalt in der Partei, unter den Mitgliedern, ist eher größer geworden. Und das gibt die Kraft zu sagen: „Das mußt du durchhalten." Daniel, ungebrochen.

Eigentlich
alles halbwegs normal

Frank Dominiak
malt Elvis - den Helden
fürs Wohnzimmer

Der Macher wirkt so adrett wie das Wohnzimmer seiner Eltern. Ein schmales Hemd, der Frank Dominiak; am liebsten möchte man ihn fragen, ob er wirklich schon 21 ist. Aber wenn er dann den Mund aufmacht, schluckt man die Frage schleunigst runter. Auch, wenn man ihm in die Augen sieht: ruhige, sehr kühle Augen.

Eigentlich ist er ein unauffälliger Typ, Turnschuhe, Jeans, weißes T-Shirt - wenn da nicht die blonde Tolle wäre, die er feucht und schmissig halb aus der Stirn gekämmt trägt. Und wenn nicht diese Bilder über der Couch hingen, auf die er halb entschuldigend zeigt: ,,Da, das waren die ersten.‘‘

Der Unterton ist berechtigt. Zweifelnd betrachte ich ein Wesen in fantastisch weitem Mantel, aus dem eine ungeheure Hühnerkralle ragt: Sauber gezeichnet, schon, schon. Aber doch auch sehr merkwürdig. Meinem Deutungsbegehren verschließt sich der Künstler achselzuckend: ,,Da kann ich auch nichts dazu sagen, das fand ich einfach gut.‘‘ Ob er jemals darüber nachgedacht hat, warum er was malt - er kann sich nicht erinnern. Aber er bekennt in schöner Offenheit: ,,Ich weiß nicht - ich find das immer wieder schlecht, was ich mache.‘‘

Ich auch, ehrlich gesagt. Aber die Leute mögen seine Bilder - so sehr, daß sie beträchliche Summen dafür hinlegen; 150, 200 Mark zahlen sie, vor allem für die Elvis-Bilder, die er für seine letzte Ausstellung gemalt hat.

Elvis? Diese Entenschwanzfrisur? Und dann auch noch der Krallenfuß? Nein, der Junge ist nicht verrückt. Sehr selbstbewußt wirkt er, sehr überlegt. Und sehr zielstrebig. Ein richtiger Junge aus dem Kohlenpott - er macht was, aber er zuckt die Schultern dazu.

Und irgendwas fasziniert mich an ihm. Wenn ich nur wüßte, was? Es ist nicht das Selbstvertrauen eines 21jährigen, der noch niemals eine auch nur halbwegs ernsthafte Niederlage einstecken mußte: Das teilt Frank Dominiak mit Tausenden von Gleichaltrigen. Vielleicht ist es die Selbstverständlichkeit, mit der er sich auf Gebieten versucht, die alles andere als selbstverständlich sind. Tobte er seinen Ehrgeiz auf dem

Fußballplatz aus, kein Mensch würde ein Wort darüber verlieren. Aber so möchte man immer wieder fragen: warum?

Die Antwort fällt so einfach aus, daß ich an mich halten muß, um nicht töricht ein zweites: aber warum? hinterher zu schicken. Frank Dominiak sagt: „Ich hab' gedacht, das kann ich auch."

Zunächst mal ist festzuhalten, daß er den Bleistift nicht häufiger in der Hand hatte als andere Kinder. Und daß er eigentlich auch nie das Gefühl hatte, daß er besonders gut damit umgehen könnte. Daß er schon drei Ausstellungen gemacht hat, ist purer Zufall.

Da hingen nämlich in der Stadtsparkasse ein paar Bilder. „Abstraktes", sagt er; „Punkte, Striche." Einerseits wußte er mit dem Zeug nichts anzufangen. Andererseits sagte er sich: Das kann ich auch.

Moment mal, möchte ich dazwischen rufen - das ist doch kein Grund! Wieviele Leute mögen in der Stadtsparkasse von Castrop-Rauxel gestanden und gedacht haben: Das kann ich auch! Aber bei Frank Dominiak gelten andere Maßstäbe. So selbstverständlich, wie die anderen nach Hause gingen und höchstens abends am Tresen über Sinn oder Unsinn sogenannter moderner Kunst räsonierten, so gleichmütig machte Frank einen Besuch bei der Geschäftsleitung und fragte an, ob er auch mal ausstellen könnte. Da war er 17.

Die Zusage versetzte ihn nicht in Schrecken, obwohl er allen Grund dazu gehabt hätte. Denn er besaß zu diesem Zeitpunkt genau drei Bilder, die er hätte vorführen können, gemalt nach der Kaffeemethode.

Kaffeemethode? Na ja, das ist auch so eine Geschichte: Mutter Dominiak arbeitete in einem Kaffeeladen; einem dieser Geschäfte, die nicht nur braune Bohnen, sondern auch allerlei Extras preiswert an die Käuferin zu bringen wissen. Und da gab es mal ein Buch: Malen lernen, leicht gemacht oder so ähnlich. Frank holt seine Mutter ab, blättert in dem Buch. Merkt sich das Notwendige und probiert zu Hause neugierig aus, ob das wohl klappt: Vorlagen mit Hilfe eines Rasters zu kopieren.

Er flippt nicht aus, er findet sich nicht toll. Ein Kunstbegriff interessiert ihn nur soweit, als er ihn für sich nicht gelten läßt: „Künstler, das hört sich so..., so abgehoben an. So, als wär das was Besonderes. Ich glaube nicht, daß ich was Tolles mache..."

Aber er hat Erfolg. Erfolg? Kunst? Was für Worte. Sie klingen viel zu groß, verlieren im Zechenhäuschen ihre Bedeutung. Frank Dominiak benutzt sie mit derselben Selbstverständlichkeit für seine Versuche beim Tapezieren; nicht nur bescheiden, auch sehr realistisch. Er hatte doch gar kein unbezwingbares Bedürfnis zu malen, und berühmt werden wollte er schon gar nicht. Daß er einen Nerv getroffen hat, wundert ihn selbst am meisten. Er ahnt bis heute nicht, daß er in aller Unschuld den röhrenden Hirsch abgeschossen hat.

122

Das Motiv, das er dagegen setzt, erinnert fatal an den langjährigen Helden deutscher Wohnzimmer. Elvis-Frank malt ihn als einsames Wild; auf strahlender Höhe, aber lonesome, sehr, sehr lonesome. Einer, mit dem man sich identifizieren kann? Der vernünftige Fan winkt ab. Unerwartet gesprächig erklärt er dann doch, was ihn bewegt: „Ich wollte die Schattenseiten des Ruhmes darstellen, die Einsamkeit."

Das Geständnis verblüfft mich. Bis zu diesem Augenblick hat Frank Dominiak rigoros alles runtergebügelt, was nach Gefühl klang - und jetzt gibt er plötzlich preis, daß er sich doch etwas gedacht hat. Aber er schließt die indiskrete Lücke augenblicklich. Die Frage nach der Frisur berührt ihn fast peinlich: Ja, man soll es erkennen. Aber es ist doch gar nicht so extrem, oder? „Ist doch eigentlich halbwegs normal."

Halbwegs normal, ja sicher. Bei ihm ist alles halbwegs normal. Wenn man sieht, mit welch leidenschaftsloser Lust der Junge seine Bilder produziert, dann kann man sich nicht wundern, daß er auch mit seinem Star unterkühlt umgeht. Die Musik findet er gut. Fertig. Kein Wort weiter.

Wie soll man das nennen? Schwärmerei? Leidenschaft? Das alles hat doch nichts mit dem schmalen Jungen zu tun, der mir unverändert cool gegenübersitzt und die Gelüste anderer distanziert in ihre Schranken weist: „Ich glaube, es gibt einige, die haben zu Haus einen Elvis-Altar stehen."

Es steht ganz außer Frage, daß er keinen ‚Altar' hat. Und auf meine hilflose Frage, was ihn denn so anzieht an der Musik der 50er Jahre, Lebensgefühl einer Zeit, in der er noch gar nicht geboren war, bekomme ich eine Antwort aus Papier, eine Antwort, die sich zurückzieht hinter die Menge, hinter der er sich auch beim Malen weiß: „Ach, das sind doch viele, die das mögen."

Es hätte Frank Dominiak eine Kleinigkeit gekostet, sich ganz anders zu verkaufen. Ein paar hochtrabende Wendungen, und alles hätte bedeutend geklungen: Von Motivation hätte er reden können, von künstlerischen Impulsen, von Vorbildern. Statt dessen hat er ungeniert von der Kaffeemethode erzählt.

Wenn ich mir etwas wünschen dürfte: Ich wünschte mir, daß er es nie lernt. Daß er diese unglaubliche Ehrlichkeit behält. Daß er seinen einsamen Elvis malt und nicht versucht, irgendjemandem zu verklickern, daß da ganz was Tolles dahinter steckt. Das wünsche ich mir, und ihm.

Politik?
Dazu hatte ich keine Zeit.

Fritz Runte:
Ein Mann, der das Jahrhundert gesehen hat.

Der alte Herr trägt den Scheitel schnurgerade überm linken Auge. So hat er ihn wohl schon vor 60 Jahren getragen, vielleicht auch schon vor siebzig. Denn Fritz Runte hat dieses Jahrhundert von Anfang an gesehen. Ausdauer, auch Dickköpfigkeit sind seine hervorstechenden Merkmale, damit hat er es zu was gebracht im Leben. Es gefällt ihm, daß die Leute von ihm sagen: Der Runte, ne große Schnauze hat er immer gehabt, aber er war ehrlich und gerecht.

Ungebeugt und mit glasklarem Gedächtnis gibt Fritz Runte Auskunft über Höhen und Tiefen seines langen Lebens. Aber die Wellenschläge der Jahre erscheinen beim Erzählen flacher. Was vor zwanzig, vierzig, sechzig Jahren Angst und Sorgen bereitet hat, verblaßt vor dem Gleichmaß der Tage, die das Alter bringt. Das Leben gerinnt zu Daten.

Am deutlichsten aus der Erinnerung tauchen die frühesten Nöte auf. Das hängt wohl damit zusammen, daß sie aus dem Werdegang, aus dem Aufstieg erwachsen sind. Daß er es geschafft hat, sich vom einfachen Bergmann zum Obersteiger hochzuarbeiten, daß er seine Kinder zur Oberschule schicken konnte trotz der 20 Mark Schulgeld, und daß er es zu einem besseren Umgang gebracht hat, als ihm das an der Wiege gesungen war – mit Akademikern, Bergassessoren und Diplomingenieuren – das ist ihm eine ungeheure Genugtuung.

Der Vater war Bergmann. Natürlich ging auch der Sohn auf die Zeche, in Wattenscheid, auf die Fröhliche Morgensonne. Das war im Jahre 1914. Fritz war zu jung, um Soldat zu werden, aber ein Jahr später alt genug, um vorzeitig vom Tages- in den Grubenbetrieb zu wechseln. Das war sein Dienst am Vaterland.

Fritz Runte wäre einer wie sein Vater und die sechs Brüder geblieben, wenn nicht Elfriede gewesen wäre, das Mädchen, das er 1922 im Kirchenchor kennenlernte und ein Jahr später heiratete. Ein bißchen kokett erzählt er: „Ich war ja auch im Männergesangverein, und da trinkt man dann auch ein Glas Bier. Da habe ich damals so recht gar keinen Sinn darin gesehen, mich weiterzubilden. Mir war singen und Bier trinken wichtiger als lernen."

Aber der jungen Frau gefiel das nicht. Ihr Vater war Maschinensteiger und stellvertretender Betriebsführer, und sie legte ihrem Fritz Feuer unterm Hintern. Mit 26 – die Tochter war schon geboren – meldete er sich zur Bergvorschule, obwohl die Kollegen frotzelten: „Mensch, du bist ja verrückt, glaubst du denn, du wirst jemals Steiger? Trink Dir ne Flasche Bier, haste mehr davon, als daß du das Geld ausgibst."

Aber anfangen hieß für ihn durchhalten. „Wenn ich einmal A sage, dann sage ich auch B", sagt Fritz Runte stolz, „auch heute noch." Viereinhalb Jahre lang lernte er unter großen Mühen: „Der Unterricht fing um sieben an, um sechs ging ich aus dem Haus, halb sechs aufstehen, rasieren und so weiter. Ich fuhr bis Essen-Nord, aber die Bergschule lag ganz im Süden oben, wo heute der Saalbau ist, da mußte ich zu Fuß rauf. Kurz vor zwölf kam ich nach Hause zum Mittagessen, und um eins ging's denn ab nach der Fröhlichen Morgensonne. Wenn man dann um halb 11 nach Hause kam, da war man froh, daß man ins Bett konnte. Was man da manchmal geflucht hat, nach Strich und Faden."

Fritz Runte weiß nicht mehr, wie viele Bewerbungen er geschrieben hat, als er 1931 Steiger geworden war: „Ich hatte immer zwei, drei fertig da liegen, mit Lebenslauf und so weiter. Immer wieder weggeschickt, und dann: Wir bedanken uns, wir bedauern." Dann kam der Nationalsozialismus, und da, sagt der alte Herr, „ging es ja aufwärts. Da hat mich alle Welt beneidet, daß ich 1934 nach Essen kam auf die Zeche Langenbrahm."

Es scheint, daß mit diesem 1.April 1934 die böseste Zeit für Fritz Runte vorbei war, auch wenn Krieg und persönliche Schicksalsschläge noch bevorstanden. Aber die Erinnerung läßt manches versinken, läßt Kanten und Ecken des Lebens nicht mehr so schartig erscheinen, wie sie in Wirklichkeit waren. Ist das der Grund, warum Fritz Runte kaum vom Krieg erzählt? Sich nur knapp und unter Drängen an Grubenunglücke erinnern läßt?

Um Politik, sagt er, hat er sich nie viel gekümmert, dazu hatte er gar keine Zeit. Ja, sagt er, er war in der „bewußten Partei", aber sonst hatte er selbst genug Brassel am Hals. Das ganz große Thema blieb für ihn der Beruf, auch nach 33, auch nach 45. Und auch nach 59, als er in die Pensionierung ging.

Nach Duisburg, zur Zeche Beeckerwerth, geht Fritz Runte 1944, als die Stadt ihre schärfsten Bombenabgriffe erlebt. Wieder fragen die Kollegen: Bist du verrückt? Aber wie alle beruflichen Wechsel – fünf werden es insgesamt – ist dies ein Aufstieg. Runte hat die Möglichkeit, Fahrsteiger zu werden und er sagt: Da geh' ich hin. Selbst seine Frau kann ihn nicht umstimmen.

Dann kommt der 14. Oktober, der Tag, an dem Duisburg dreimal bombardiert wird. Das ist ein Tag, den Fritz Runte nicht vergessen hat, da sitzt ihm noch die Angst im Nacken: „Drei schwere Angriffe waren auf Duisburg, weil in Bruckhausen die große August-Thyssen-Hütte

war, die ist total lahmgelegt worden. Morgens um elf fing es an, das war verheerend, verheerend." Die Runtes hatten ein Riesenglück: Hinter dem Haus schlugen die Bomben ein, aber die Wohnung blieb unversehrt, nur die Einrichtung ging in Trümmer. Und weil von nun an auf der Zeche nichts mehr läuft, wird Fritz Runte als 44jähriger auch noch eingezogen. Für Gemütsbewegungen ist im 84. Jahr nicht mehr viel Platz. Ein einziges Mal wird Bewegung spürbar: Auf die eigene Einberufung angesprochen, gleitet die Erzählung ab zu Dieter, dem Sohn, der gleichzeitig mit dem Vater Soldat wird. Er hatte sich freiwillig gemeldet, direkt aus der Oberprima. „Seine Prüfung hat er glänzend bestanden. Anfang März ist er nach Berlin gekommen, als Fahnenjunker, in den Endkämpfen um Berlin. Ja", sagt Fritz Runte, und die Augen verlieren allen Glanz, „und dann war er weg, vermißt. Wir haben nie wieder was gehört."

Auch nach dem Krieg ging es aufwärts. Der Mann, der seinen Sohn so gern als „Dr. Ing." gesehen hätte, machte seinen Weg weiter, wurde Obersteiger und stellvertretener Betriebsführer. Die vorletzte Arbeitsstelle wechselte er sogar im Streit, das konnte er sich leisten: „Ich kam mit meinem Chef nicht übereins, da hab ich gedacht, du kannst mich mal gern haben."

Dortmund-Dorstfeld war die letzte Station. Als er 59 war, hätte er auch noch Betriebsführer werden können, aber diese letzte Stufe hat er nicht mehr genommen, und sogar der Verzicht paßt zu ihm. „Ich hab gedacht, laß sein, mach Schluß. Du bist weit genug gekommen. Wenn du Betriebsführer wirst, kommst du gar nicht zum Ende. Und der Bergmannsberuf ist hart, das kann man wohl sagen."

Seit 24 Jahren ist Fritz Runte im Ruhestand, und er scheint damit zufrieden. Die jungen Leute, sagt er, sind ihm zu schlapp, zu bequem. „Ich sage immer, die jungen Menschen, können die eigentlich noch eine Steigerung der Freude haben? Wenn wir früher als junge Burschen in ne Wirtschaft reinkamen und da saß einer und trank ein Glas Wein, dann haben wir gesagt, guck mal den feinen Pinkel." Fritz Runte spricht es nicht aus, aber für ihn zeigt sich der Aufstieg in eine bessere Welt auch in seinem täglichen Glas Wein: Damals, als Bergjungmann, hat er den Staub mit Bier runtergespült.

Das
Keusche
an Adolf Tegtmeier
Eigentlich wollte
Jürgen von Manger Richter werden...

Zum Schluß zitiert er Hebbel. „Des Mädchens Keuschheit geht auf ihren Leib, / des Jünglings Keuschheit geht auf seine Seele, / und eher zeigt sich dir dies Mägdlein nackt, denn jener Jüngling dir sein Herz enthüllt." Jürgen von Manger seufzt tief: „Na ja, und so ähnlich is datt bei dem Techtmeier auch."

Was denn - Adolf Tegtmeier, der Schwiegermuttermörder, ein keusches Seelchen? Der verklemmte kleine Soldat, dem im „Unteroffierslehrgang" voll Not ein leises „Scheiße" entflieht? Der soll der Hebbelsche Jüngling sein? Manger nickt. „Es geht um Scham - daraus entsteht wahnsinnig viel."

Er ist ein Schlitzohr. „'n ollen Schlickenfänger", würde er das nennen. Das Haus in Herne, klein und originell gegliedert mit Treppchen und verblüffenden Fensteröffnungen von einem Zimmer ins nächste, voller Kunst und Kunsthandwerk, wirkt freundlich. Manger zuerst auch. Noch galant, komplimentiert er mich ins Sofa gegenüber dem Fenster, mit Blick auf den kleinen Garten. Und läßt dabei diese Bemerkung fallen, leise, aber messerscharf; ein winziges, hochexplosives Bömbchen: „Hier setze ich immer meine Besucher hin, vor allem, wenn die Sonne scheint; dann sind sie geblendet und verlieren ihre Sicherheit. Darf ich Ihnen Kaffee eingießen?"

Wir umkreisen einander mit Argwohn. Er zieht sich einen Sessel heran, der ihn wesentlich höher plaziert als mich: Aha. Ich bin aufmerksam geworden. Und er? Ist es ein Zufall, daß er von da oben her gleich anfängt, sich zu verteidigen?

Wir reden über die Ruhrgebietssprache, ganz allgemein; über dieses Idiom, dessen Tonfall Manger wie kein anderer bekannt gemacht hat. Er gibt dem Thema die Wendung, nicht ich: „Es könnte sein, daß man mir vorwirft: Der macht den kleinen Mann schlecht, der stellt uns als Hilfsschüler dar..."

Er kennt den Vorwurf nur zu gut, wittert ihn, pariert ihn im voraus. Was macht er nicht alles dagegen geltend! Kaum grammatikalische Fehler hätte er in seinen Stücken, sagt er höhnisch, die sollte ihm erst mal einer nachweisen. Es ist die Ouvertüre für unendliche Variationen über das Thema: Manger und die Menschen.

Liebt er sie oder veralbert er sie? Für Manger ist die Antwort klar. Für mich bleibt sie lange zweifelhaft. Zum Schluß denke ich: Er liebt sie, aber sie fühlen sich trotzdem veralbert.

Es klingt so sehnsüchtig, wenn er erzählt, wie er die Menschen belauscht, wie sie ihn faszinieren. Wie er schon als Pennäler in Hagen bei den Marktschreiern gestanden hat, die Knoblauch anpriesen: „Hier, diese klaine Knolle, der Härrgott hattse uns geschänkt!" Wie er ihnen diese umwerfende Demagogie abgelauscht hat: „Die feinen Damen, bei Kaffee Deusbach sizzense, ein Stück Sahnetorte nach den andern, unt, watt is? Ihr Lebm habense verküürzt, um Jahre! Der Tod sitzt im Darm!"

Es überrascht mich gar nicht, daß er aufspringt und die Augen rollt, den Mund zum Markenzeichen schief verzogen; damit war zu rechnen - aber ich kann doch nicht anders, wie er es halb flehend herausschleudert, dieses „Der Tod sitzt im Darm!" da muß ich so furchtbar lachen, daß der Kaffee gefährlich schwappt.

Und - da ist es passiert. Das Eis ist zerbrochen, der Funke geflogen; Manger lacht dankbar mit, und mir wird klar, daß er ein Komödiant ist, einer, der Applaus braucht. Solange ich ihm den verwehrt habe, konnten wir nicht ins Gespräch kommen.

Jetzt wird es besser. Soviel habe ich längst begriffen: Wenn ich Jürgen von Manger kennenlernen will, muß ich über Tegtmeier sprechen. Das heißt, ich brauche nicht zu sprechen - ich brauche nur zuzuhören.

Der Vereinsvorsitzende und der Schwiegermuttermörder und der Opernfreund: Er macht sie mir alle, alle vor, und dazu andere, die sich auf keiner Platte finden. Ganz kurz kommt mir der Gedanke, daß es ja wohl einen Grund haben muß, daß er die Fernseh-Tegtmeiers der letzten Jahre sehr viel sparsamer erwähnt; aber das läßt er mich gar nicht zu Ende denken: „Entschuldigen Sie", sagt er, „ich komm vom Hölzken auf Stöcksen!"

O wie wahr. Ich möchte mit ihm über Gelsenkirchen reden, wo er 13 Jahre lang Theater gespielt hat - aber er macht mir den Intendanten vor. Ich möchte auf die Zeit am Bochumer Schauspielhaus kommen - da spielt er seinen „möblierten Wirt" (von dem angeblich der Spruch „Mänsch blaiben!" stammt: „Das hat der genau so gesagt, ährlich!") Ich möchte ... ach, ist doch egal, was ich möchte. Je länger ich in diesem Sofa sitze, desto tiefer versinken die Fragen, die schlauen Einwände. Wie lange sitze ich hier schon? Zwei Stunden? Drei? Ich weiß es nicht. Ich sitze und überlasse mich ganz diesen Geschichten und Geschichten und Geschichten.

Irgendwann schlägt die Uhr, und ich erwache wie aus einem Dorn-röschenschlaf. Mir gelingt die Frage, wie sie denn zueinander stehen, Manger und Tegtmeier, ob sie in Wahrheit einer sind, oder doch zwei, die sehr eng zusammen gehören? Da wird er todernst. Sieht aus dem Fenster und sagt stockend: „Ich bin ein liebenswürdiger Charakter ...

Sie sind jetzt hier bei mir zu Besuch ... beschäftigen sich mit mir ... also versuche ich, Ihnen auch entgegenzukommen..., das ist quasi ein gewisser Dienst am Kunden."

Das ist das Ende der Vorstellung. Beim ersten gemeinsamen Lachen ist das Eis geschmolzen, aber jetzt reden wir wie alte Bekannte. Wie zum Beweis, daß er sich von seinem Bühnen-Ich völlig lösen kann, nimmt er einen neuen, überraschenden Faden auf: Daß er Atheist sei, erklärt er, voller Sehnsucht, daß ihn jemand zum Glauben bekehrt. Über den Sinn des Lebens sprechen wir lange: ,,Son Quatsch", sagt er, ,,gibt's nicht; ich lebe, das ist alles." Nachdem wir so ins ganz Persönliche geraten sind, können wir auch über Lebensstationen reden.

Eigentlich wollte er Jurist werden. Es gibt eine Ahnung vom Hintergrund dieses Mannes, wenn er sagt: ,,Es gab für mich nie einen Zweifel, daß ich nicht Staatsanwalt werden wollte wie der Vater, sondern Richter wie der Großpapa."

Neben dem Studium hat er geschauspielert. Daß er dann Tegtmeier wurde statt Volljurist, lag an dem Riesenerfolg, den er mit seinen ersten Radiosendungen vor rund 20 Jahren hatte: ,,Da war an Aufhören kein Denken mehr." Gleichzeitig eröffnete seine Frau ein Modehaus in Bochum; Manger war vollauf und einträglich beschäftigt.

Nein, sein Abschied von der ernsthaften Schauspielerei hat noch andere Gründe. Das Schlüsselerlebnis schildert er so: Wie damals die Kollegen, vom kleinsten bis zum gefeierten Star, durch ein Loch im Vorhang angstvoll den neuen Bochumer Intendanten Schalla betrachteten, der im Publikum saß - ,,Und ich dachte: Mein Gott, wie erbärmlich! Da wurden große Namen zu Kreaturen."

Das ist sein Kapital, sagt Manger, daß er für diese Dinge einen Sinn hat. Für diese Ängste und Peinlichkeiten, für die kleinen Angebereien und Dummheiten des Alltags: ,,Und vielleicht habe ich die ja auch auf die Bühne gebracht - male den Teufel an die Wand, dann ist er weggebannt! - um mich davon zu befreien."

Jetzt ist er ehrlich: Daß er jedesmal Angst hatte vor großen Rollen, erzählt er. Und daß er in all den Jahren sein Handicap ahnte, aber nicht zu benennen wußte: Daß seine tenorale Stimme nicht zu der eher schweren Statur paßte. Daß er sich nur bei den Stückchen, bei denen er die Stimme verstellen kann, richtig wohlfühlt. Und ich nicke und denke: Ich glaube das nicht, daß der Tegtmeier der Hebbelsche Jüngling ist. Dieser Jüngling, der sein Innerstes verbarrikadiert, das ist ganz jemand anderer.

Im
Märzen der Bauer ...
... den Kunstdünger streut

Im Revier
dieselben Probleme wie anderswo

Wattenscheid? Bei Wattenscheid denke ich an Steilmann und Eingemeindung und vielleicht noch an den 09. Aber an Landwirtschaft? Dabei ist Jochen Borchert sogar Vizepräsident im Westfälisch–Lippischen Landwirtschaftsverband. Der Heereman des Reviers, gewissermaßen.

Bauer Borchert erwartet mich im gutgeschnittenen Jackett, mit straffer Bügelfalte. Er hat sich Zeit für mich genommen. Von der Feldarbeit kommt er nicht, dafür ist es noch ein bißchen früh im Jahr; wenn ich ihn richtig verstanden habe, singt man heutzutage: Im Märzen der Bauer den Kunstdünger streut; und das hat er schon erledigt. Nein, Zeit hat er sich von den anderen Aufgaben genommen, die er so hat. Und das sind eine ganze Menge.

Was ist Jochen Borchert vor allem? Politiker? Funktionär? Bauer? Bauer, natürlich. Das Bekenntnis folgt umgehend: „Und ich bin es auch gern."

Aber selten. Seit er vor vier Jahren für die CDU in den Bundestag einzog, hat Jochen Borchert eigentlich alles, was er gern tut, kürzer geschnitten. Er ist ein Wochenend– und Ferienbauer geworden, der seinen Hühnerhof von Dienstagmorgen bis Freitagnachmittag per Telefon führt. Das Presbyteramt, das ihm am Herzen lag, hat er aufgegeben, und daß er seine Rolle als Vater praktisch nicht mehr ausübt, sagt er mit aufrichtigem Bedauern.

Über die vielfältigen Probleme, mit denen er zu tun hat, spricht er mit Ruhe, ohne Leidenschaft: Über die Bauern, deren Höfe zu klein sind, als daß sie sich noch rentierten. Über die Entwicklungspolitik, die er in Bonn treibt, und deren Erfolge so wenig sichtbar werden. Freundlich spricht er, offen. Aber keineswegs ohne bauernschlaue Windungen. Nicht, ohne jede noch so überraschende Gelegenheit zu nutzen, der EG ein paar herbe Worte zu widmen.

Natürlich spricht er auch über Hühner. Zehntausend hat er. Ich sehe ihn an. Bodenhaltung? frage ich. Oder – Käfig?

Mit gelassener Freundlichkeit reiht er Argumente aneinander; kluge, abgewogene Argumente, die voller Nachsicht der anderen Meinung Raum geben und trotzdem keinen Zweifel daran lassen, daß solche Toleranz nichts ist als ein Zugeständnis an die Spielregeln. „Die Aussagen der Tierschützer", sagt er, „die ich an vielen Stellen durchaus verstehen kann, wenn man die Käfig–Hennen zum erstenmal sieht..." Oder diesen verwirrenden Satz: „Es gibt Fachleute, die sagen: Wenn Tiere eine gute Leistung bringen, dann gehört dazu körperliches Wohlbefinden."

Daß es dabei um Lebewesen geht, gerät dabei in Vergessenheit. Das hat seine Logik – Jochen Borchert ist Geschäftsmann; daß er als Landwirt so gut an seinen Gewinn denkt wie jeder Ladenbesitzer, wird ihm niemand zum Vorwurf machen wollen. Und daß er dem sein Denken, seine Sprache angepaßt hat, ist nur konsequent.

Die Eier aus den Batterien sind billiger als alle anderen, erklärt er. „Und daß die Verbraucher bereit wären, mehr zu zahlen für ein Ei aus der Bodenhaltung, stimme nicht. Das mag da der Fall sein, wo man Kunden hat aus gutverdienenden Kreisen. Nicht in Wattenscheid."

Das ist überzeugend; genau wie die Erklärung, daß schon bei zwei verschiedenen Tierarten auf einem Hof die Stückzahlen zu gering wären, als daß günstig produziert werden könnte. Ich spüre, wie ich nicke.

Es ist nicht leicht, diesem Kreis zu entkommen, der sich aus Borcherts nüchterner Bilanz und meinem Verständnis dafür einzuspielen beginnt. Stückzahl – Produkt – kostengünstig. Ich mißachte den Wortschatz, der aus der Industrie entlehnt ist, und frage nach den Tieren. Werden sie nicht krank in den engen Käfigen? Aggressiv? Leiden sie nicht?

Sein Widerstand ist kaum spürbar, liegt nur als Ahnung im Raum. Ohne Schärfe formuliert er Sätze, die den Vorwurf nicht zurückweisen, sondern der Lächerlichkeit preisgeben. „Wir haben hier einen Punkt, an dem die Diskussion schwierig wird", sagt er liebenswürdig, „weil sie nur schwer sachlich zu führen ist. Die erste Frage lautet: Können Hühner leiden? Die zweite: Wie stellt man das fest?"

Die Sachlichkeit – sie verflüchtigt sich, als ich mit Jochen Borchert im Stall stehe. Souverän hat er zugestimmt, als ich ihn um den persönlichen Eindruck gebeten habe; er denkt nicht daran, auszuweichen: „Die Hühner schlafen schon", sagt er, „aber das macht nichts, wir können sie wecken."

Über dem fensterlosen Stall flammt die Neonbeleuchtung auf. Genau dosierter Wechsel von hell und dunkel garantiert die optimale Legeleistung, höre ich ihn wie von fern. Ich sehe Drahtverschläge, neben– und übereinander getürmt wie die Gepäckboxen am Bahnhof, nur viel kleiner. Und in jedem vier struppige Kreaturen, die im unverhofften

Licht die blanken Hälse durch die Gitterstäbe recken und sinnlos in die leere Futterrinne picken; wie aufgezogen. „Die haben sich die Federn nicht ausgerissen", höre ich die begütigende Erklärung, „sie sind in der Mauser." Ich höre krächzende Laute aus tausend Hälsen anschwellen und atme betäubenden Gestank aus unzähligen Kotrinnen. Ich habe keine zarten Nerven, aber ich muß hier raus.

Er ißt gern Eier, sagt Jochen Borchert lächelnd, als wir über den Hof zurückgehen. Er ist ein Mann von praktischem Denken; weiß zu trennen: zwischen Beruf und Privatem; und zu verbinden – bäuerliche Tradition und modernen Geschäftssinn.

Etwas anderes als Bauer wollte er nie werden. Als die Familie vor mehr als 30 Jahren aus der DDR kam, ließ sie den Hof zurück, der die Existenz des Sohnes hätte sichern sollen. Aber Jochen Borchert ließ sich von seinen Wünschen nicht abbringen. Vielleicht, daß er bei seinem Vater die Zielstrebigkeit kennengelernt hatte, die ihn selbst bestimmt – noch während der Sohn in fremden Betrieben den Umgang mit Vieh und Getreide erlernte, pachteten die Eltern den Hof in Wattenscheid, auf den er ein Jahr später heimkehrte.

Er packte es an, damals schon. Zuerst die Umstellung: Kühe und Mastschweine wurden abgeschafft, die Hühnerhaltung ausgebaut, immer weiter. Daß er dann, knapp 30jährig, auch noch ein Studium anfing, Wirtschaftswissenschaften, erzählt er nur nebenbei.

In die Politik ging er wie selbstverständlich: Evangelische Jugendarbeit, Landjugend, Junge Union. Dann die CDU. „Ich habe zu Hause nie gehört: Engagier‘ dich da nicht! Bei uns war es immer selbstverständlich, daß man etwas tut."

Es kann nicht verwundern – Bauer im Ruhrgebiet zu sein, ist ihm mehr ein fröhlicher Gag als ein Problem. „Als ich nach Bonn ging und die Fraktions–Kollegen hörten, daß ich aus Bochum komme, fragten sie: Welche Branche? Stahl oder Bergbau? Und waren ganz verblüfft, wenn ich sagte, ich wäre Bauer." Er selbst kann darin nichts Besonderes sehen. „Ich sage immer, ein Teil der Probleme taucht bei uns nur früher auf. Diese Konflikte ergeben sich auf dem Land inzwischen auch, etwa da, wo eine Zementfabrik entsteht."

Mathias kommt ins Zimmer. Wie alle Neunjährigen muß er zum Guten–Tag–Sagen erst aufgefordert werden, aber dann kommt er dem Wunsch mit viel kindlichem Charme nach. Es erinnert an ein Bild von Ludwig Richter, wie Vater und Sohn miteinander umgehen; voll gelassener Heiterkeit; Teil einer zufriedenen Familie, die ihr ausgewogenes Leben einvernehmlich führt. „Ach Papa, du solltest dich schämen, so ein Wetter mitzubringen aus Bonn", sagt der Junge mit ernster Koketterie, und Jochen Borchert antwortet dem Kind lächelnd: „Ja, ich hatte mich auch um besseres bemüht."

Deutsch wollte ich nie wieder sprechen

Ein Mann,
der in Dachau war

Wie rede ich ihn an? Sage ich „Herr Simon"; deutsch, wie es mir naheliegend scheint? Oder spreche ich den Namen englisch aus, „Mr. Simon", so, wie er sich selbst am Telefon meldet?

Mit dem Vornamen ist es einfacher, der ist unverändert geblieben seit damals. Seit er sich nicht mehr „Israel" nennen muß: Bernd Israel Simon. So stand es in dem Paß, mit dem er 1939 nach Kuba ausgereist ist. Er kam aus Dachau.

Wie spreche ich überhaupt mit diesem Mann? Ich bin Deutsche, er ist Amerikaner, aber das ist nicht das Problem. Ich bin Deutsche, er ist Jude – das ist das Problem, obwohl es kein Gegensatz ist. Bernd Simon wäre ganz gewiß Deutscher geblieben, wenn es eine Entscheidung gegeben hätte. Aber die gab es nicht.

Er ist gelassener, als man erwarten darf, mir gegenüber, den Deutschen gegenüber. Er lobt das Land, von dem er sagt: „Man muß es respektieren – es ist Amerika sehr ähnlich." Er sagt auch: „Ich könnte heute hier leben."

Bernd Simon kennt keinen Haß. 1945 allerdings, als er in amerikanischer Uniform in das zerstörte Essen zurückkehrte, um seine Mutter zu suchen, da hatte er kein Mitleid: „Es war schauerlich – aber die meisten hatten ja die Nazi-Partei gewählt. Sie wollten ja Hitler, wollten den Krieg. Nein, damals konnte ich kein Mitleid haben."

Es ist nicht leicht, mit ihm zu reden. Bernd Simon erzählt leidenschaftslos; er will objektiv sein, sagt er, neutral: nichts schlimmer machen, als es war. Aber wie kann ein Mann neutral sein, der in Dachau war? Und kann ich denn neutral bleiben, wenn er stockt, weil die Erinnerung ihn in der Kehle würgt?

Er berichtet ruhig, Stück für Stück. 1933: Wer Augen hat und Ohren, der hört und sieht die Anzeichen. Die Witwe Simon erkennt früh, was auf sie zukommt. Sie nimmt ihren Jungen vom Gymnasium: Lehrer möchte er werden, aber sie läßt ihn eine Lehre machen, als Verkäufer und Dekorateur. „Ich sollte etwas Praktisches lernen, für die spätere

Auswanderung. In Deutschland gab es keine Zukunft für einen Juden, das konnten wir sehen."

Der Lärm, der eines Morgens aus der Nachbarwohnung dringt, überrascht die Simons trotzdem. Sie sehen Trümmer aus dem Fenster fliegen und flüchten in den Keller. Anderthalb Stunden später haben auch sie alles verloren: Die Fensterscheiben sind eingeschlagen, Lampen und Gardinen heruntergerissen, die Möbel liegen zerhackt auf der Straße. Der Junge, 18jährig, wird abgeholt ins Gefängnis, wo die jüdischen Männer gesammelt werden. Und wo sie nur herauskommen, um ins Konzentrationslager Dachau gebracht zu werden. Es ist der 10. November 1938 – die „Reichskristallnacht".

Nein, Bernd Simon übertreibt nicht. Gefühle läßt er kaum spüren. Über das, was er durchgemacht hat, sagt er knapp: Es war unglaublich. Darin liegt alles.

Unglaublich: Sie können es ja selbst nicht fassen. Als sie am Buß- und Bettagmorgen zum Essener Bahnhof marschieren, von Gestapo flankiert, da reden sie sich noch ein, es ginge zu irgendeinem Arbeitseinsatz. Aber unterwegs kommen Gerüchte auf, die alle Zuversicht begraben.

Ins Konzentrationslager – „das war ein furchtbares Wort. Wir hatten von den Grausamkeiten gehört, die dort vorgehen sollten." Bernd Simon hält inne, sieht schweigend aus dem Fenster. Dann bittet er: „Ich möchte die Einzelheiten auslassen."

Unaufgefordert erzählt er dann doch: Wie SS-Leute sie mit Gewehrkolben aus den Wagen prügeln, wie sie in einen langen Güterzug umsteigen müssen. Es ist heiß, es ist eng. Viele werden ohnmächtig. Bernd Simon glaubt: Das ist das Ende. Er erwartet, daß die Wagen in Brand gesteckt oder in einen Abgrund gerollt werden, und er durchsucht trotz der Enge seine Taschen: Eine Nagelschere findet er, die hält er umkrampft – „weil ich mir lieber den Hals abgeschnitten hätte als da zu verbrennen."

Er weiß nicht mehr, wie lange sie gefahren sind. Als die Türen aufgestoßen werden, sieht er im Scheinwerferlicht die Baracken liegen. Und die SS-Männer, die ihre Gewehre auf die Ankommenden richten, schußbereit. Sie werden sie noch lange vor sich haben. Tage und Nächte hindurch, die sie auf dem Appellplatz strammstehen müssen, bekleidet nur mit einem dünnen Baumwoll-Anzug, in Schnee und Hagel und in der Kälte des beginnenden Winters. „Viele haben das nicht überlebt. Mir schwollen die Füße, die Haut platzte auf, ich blutete. Aber wer sich bewegte, wurde totgetrampelt."

Später werden sie zur Arbeit eingeteilt. Kälte und Mißhandlungen bringen die Männer um. Aber Bernd Simon hat Glück, er bleibt nur knapp vier Monate im KZ. „Ich hatte eine heldenhafte Mutter", sagt er mit Wärme. „Sie ist in ganz Deutschland rumgefahren, bei den Konsulaten, um mir eine Ausreise zu besorgen."

Es sind nicht viele, die es schaffen, aber Bernd Simon ist unter ihnen. „Ich bin entlassen worden – das war damals noch möglich. Später wurden die jüdischen Bürger vergast und verbrannt." Sehr leise setzt er hinzu: „Ja. Wie meine arme Mutter."

Merkwürdig unpathetisch klingen die großen Worte, wenn Bernd Simon sie ausspricht. „In Havanna bin ich sehr reich geworden", sagt er. „Reich an Freiheit."

Er reist allein. Seine Mutter hat kein Visum; er glaubt, später könne er sie nachholen. Vorerst verdient er das Notwendigste als Hausierer, mit einem Bauchladen mit Glühbirnen und Naphtalin-Pulver gegen Ungeziefer. Er will weiter, nach Amerika.

Nach Amerika – das hat er sich so vorgestellt. Noch heute gerät Bernd Simon, treuer Diener seines neuen Staates, aus der Fassung, wenn er erzählt, wie der amerikanische Beamte ihm kühl erklärte: Dein Paß ist abgelaufen, ich kann dir kein Visum geben. – Was soll ich tun? fragt der Junge verstört. – Den Paß verlängern lassen. – Aber wie? – Geh zum deutschen Konsulat.

Bernd Simon faßt sich an die Brust, zeigt Entsetzen, noch heute, 40 Jahre später: Ich? Ich soll auf deutschen Boden treten? Ich bin aus Dachau gekommen – niemals! Und der Konsul entläßt ihn knapp: Kein Paß, kein Visum.

Ist es Tollkühnheit? Verzweiflung? Simon geht zu den Deutschen, klammert sich an den Gedanken: Ich bin ja kein Verbrecher! Er weiß, Jude zu sein, ist in Deutschland Verbrechen genug. Er geht trotzdem.

„Ich habe gesessen wie auf heißen Kohlen, die Reichsflagge mit dem Hakenkreuz, das große Bild vom Führer vor Augen. Aus dem Augenwinkel habe ich die Tür beobachtet – uns es schienen mir Stunden. Und dann kam der Beamte und gab mir das Papier: Hier, Heil Hitler! Ich bin gerannt wie ein Hase."

Amerika wird ihm zur Heimat. Innerhalb weniger Monate wird Simon eingebürgert, denn er hat sich als Freiwilliger in die US-Armee gemeldet: Er will für sein neues Land kämpfen, „gegen unseren Feind, Nazi-Deutschland." Als der Krieg zu Ende ist, gibt die Armee ihm einen unbefristeten Urlaub, damit er seine Mutter suchen kann. Aber Senta Simon ist tot. „Als ich zurückkam,. wollte ich nie mehr deutsch sprechen."

26 Jahre war Bernd Simon alt, als er ein neues Leben begann, in einem kleinen Ort an der kalifornischen Küste. Heute ist er 64. Er hat schöne, interessante Jahre gehabt – aber sie schrumpfen zur Bedeutungslosigkeit vor den vier Monaten im KZ, vor den Wochen wahnsinniger Suche nach der toten Mutter.

Er ist Amerikaner geworden, mit allem, was dazu gehört. Sogar einen Sheriff-Stern trägt er stolz am Freizeithemd: als Verwaltungs-Angestellter bei der Polizei. Er hatte Heimweh nach Essen; aber nach kurzem Aufenthalt ist er froh, zurückzufahren. Nein, er trägt nichts nach. „Es war schlimm", sagt er, „aber Zeit heilt. Man muß vergeben – nicht vergessen, aber vergeben."

Man
wird nicht Förster,
wenn man Stauder heißt

Die Familie ist das Unternehmen

Es ist heiß. Das Bier schimmert goldgelb im kühl beschlagenen Glas –
ein schönes Bild. Es hängt an der Wand, im Konferenzraum der
Brauerei, lächelt über nüchternem Tisch und schlichten Lederstühlen.
Sonst weckt hier nichts Gefühle: Dies ist nicht der Ort für ein Plauder-
stündchen. Kühle Freundlichkeit herrscht. Offenheit mit gebremstem
Schaum. Es ist die Mischung, die ein kluger Unternehmer wählt, wenn er
sich selbst darstellt. „Ich kann lange unbequeme Wege gehen", sagt Dr.
Claus Stauder. Dazu nimmt er ein Schlückchen Fachinger.

Was hat dieser Manager mit dem Faßbinder und Brauer Theodor
Stauder zu tun, dem Mann, der vor hundert Jahren nach Essen kam, um
hier sein Wissen von der untergärigen Brauweise an den durstigen Mann
zu bringen? Die beiden verbindet mehr, als das schlichte Wort „Familie"
ausdrückt.

Als Theodor Stauder 1867 seine erste eigene Hausbrauerei aufmachte,
bewies er dieselbe Umsicht, denselben Geschäftssinn, mit dem viele
Jahre später sein Ur-Ur-Enkel das Familien-Unternehmen gegen die
gefräßigen „Großen" der Branche verteidigte. Eins allerdings unter-
scheidet die beiden. Ur-Ur-Großvater Theodor setzte auf den großen
Durst in einem Stadtteil, wo die Zechen aus dem Boden schossen. Ur-
Ur-Enkel Claus setzt auf den kleinen Durst der exklusiven Zecher in den
noblen Häusern dieser Welt: Kempinski in Berlin, Vier Jahreszeiten in
Hamburg, Waldorf Astoria in New York, Sacher in Wien. Daß auch der
Schnellimbiß an der Ecke, hundert Meter von der Brauerei entfernt, das
Bier mit dem feinen Image führt, ist ein Zugeständnis an den Brauort.
Wenige Kilometer weiter wäre sowas nicht möglich, und schon ab
Düsseldorf wird längst nicht jede gute Gaststätte, die nach Stauder
heischt, auch beliefert: „Da legen wir ganz strenge Maßstäbe an."

Die Familie und das Unternehmen – sind das zwei Dinge oder eins?
Familie, das ist hier nicht das Private, davon reden wir kaum; gerade,
daß Claus Stauder zu entlocken ist, daß seine Frau sich nie aufgelehnt
hat gegen seine vielen Verpflichtungen. Familie, das sind vor allem der
Bruder Rolf, der Vater. Der Großvater. Also doch das Unternehmen.

Da das Wort „Verpflichtungen" fällt, kommen wir zwangsläufig auf den anderen Bereich zu sprechen, dem Stauders Herz gehört: Tennis. Aber darüber redet er fast verschämt, der vielen Ehrenämter wegen. Er ist in den Spitzen der Verbände fest verankert, vom heimischen Club ETUF bis hinauf zum Deutschen Tennis-Bund, wo er den Vize-Präsidenten macht; gut möglich, daß er im nächsten Jahr auch Präsident wird. Aber dieses Thema streifen wir nur.

Claus Stauder hat eine große Mappe voller Material mitgebracht, aber ich interessiere mich weniger für Zahlen, ich möchte etwas hören über die Bürde, die er in jungen Jahren übernommen hat, damals, als er 26jährig ins Unternehmen seiner Väter eintrat.

Bürde? Claus Stauder weiß von keiner Bürde. Für ihn war immer klar, daß er in die Firma eintreten würde, er hat sich nie etwas anderes vorstellen können. Nie? Na ja – „vielleicht", lächelt er, „vielleicht habe ich als kleiner Junge davon geträumt, Förster zu werden – weil ich mit Jagd und Wald aufgewachsen bin, vom Großvater her." Bei diesem Mann liegen sogar die Kindheitsträume auf klarer Familienlinie.

Nein, das Wort Bürde kennt er wohl wirklich nicht. Bei ihm läuft alles zwangsläufig, richtig, vorgezeichnet. Wenn man Stauder heißt, wird man nicht Förster; und in die Schokoladenbranche geht man auch nicht.

Claus war der Älteste, also studierte er Jura, wie der Vater. Gern schildert er, daß ihm eine Art heimische Konkurrenz Leistung abverlangte: „Ich habe drei jüngere Brüder, wenn ich nicht so eingeschlagen hätte, hätte mein Vater noch immer die Auswahl gehabt."

Aber daß er nicht „eingeschlagen hätte", kann man sich nicht ernstlich vorstellen. Es ist wohl eher selbstbewußte Koketterie, wenn Claus Stauder behauptet: So ganz geradlinig, wie das Familienoberhaupt sich das vorgestellt hätte, wäre es in der Schulzeit gar nicht gelaufen. Wenn er tatsächlich in Mathematik mit den Noten gekegelt hat; mal sechs und wieder sechs schrieb und dann unvermittelt die Einsen hinlegte – dann beweist das eigentlich nur, daß schon hier eine Zielstrebigkeit am Werk war, die keinen Ehrgeiz brauchte. Mit einem kurzen amüsierten Lachen bringt er es treffend auf den Nenner: „Ein gutes Pferd springt nicht höher, als es muß."

Vielleicht ist es eine Unterstellung, aber Claus Stauder macht den Eindruck, als wäre ihm „nur" Können zu wenig. Als müßte er immer noch eins draufsetzen, um zu zeigen, daß ihm nichts einfach so zugefallen ist, sondern daß er als energievoller Mann seine Erfolge selbst in die Hand nimmt.

Zum Beispiel so: Die ersten vier Semester, sagt er, „das darf ich fairerweise gar nicht behaupten, daß ich da studiert habe. Da habe ich mir die angenehmen Seiten des Studiums gegönnt – aber echt." Um dann ins andere Extrem zu fallen und mit konsequenter Selbstdisziplin in vier weiteren Semestern alles aufzuholen, das Staatsexamen mit Prädikat abzulegen; alles in der vorgesehenen Zeit.

Kein Zweifel, die vier Operettensemester waren eingeplant, genau wie die Promotion. Daß sie mit „magna cum laude" bewertet wurde, mit Auszeichnung: ach herrje – „da wollte ich eigentlich nur zeigen, daß man, wenn man antritt, auch ganz vorne landen kann."

Claus Stauder setzt gern auf Understatement. Es ist die Methode, nach der er den Slogan gebastelt hat, mit dem er den Umsatz des Unternehmens auf Vordermann gebracht hat: „die kleine Persönlichkeit" nannte er sein Bier mit raffinierter Zärtlichkeit und brachte damit ein unerwartetes Rühren in Biertrinkers hartem Männerherzen zuwege.

Man weiß nicht recht, ob es noch Zähigkeit ist oder schon Sturheit, die diesen Mann auszeichnet. Er sagt: „Ich bin kein Patriarch, ich will die Leute überzeugen, auch wenn es langwierig ist." Aber er läßt auch keinen Zweifel daran, daß dieser Prozeß in jedem Fall zu seinen Gunsten auszugehen hat. Auf diese Weise hat er die Konzeption des Unternehmens grundlegend geändert, gegen die Meinung der Mehrheit in der Firma.

Als er Mitte der sechziger Jahre als Mitgesellschafter eintrat, war Stauder ein junger Mann mit mehr theoretischem Wissen als praktischer

Erfahrung. Das hinderte ihn nicht, alle Ratschläge seines renommierten Unternehmens-Beraters in den Wind zu schlagen und etwas zu tun, was im Revier geradezu revolutionär wirken mußte: Er machte sein Bier teurer. Aber Stauder setzte ja auch nicht nur aufs Revier. Er setzte auf New York, München und Wien.

Er sagt: Das Bier wurde auch besser. Fest steht, daß es sich den Ruf der Exklusivität erworben hat, und daß die Idee der vornehmen Beschränkung keineswegs selbstmörderisch war. Genußvoll berichtet Claus Stauder, wie anfangs alle dagegen waren, das ganze Haus, auch die Familie. Und wie zum Schluß doch alle seine Souveränität anerkannten: ,,Entscheiden Sie, dann stehen wir loyal dahinter!"

Es ist dieselbe Souveränität, mit der er seine beiden ,,Beine", Bier und Sport, in harmonischen Tritt bringt. Zugegeben – ich muß lächeln, als er seine Motive erklärt: ,,Sport", sagt er, ,,das ist mit das Wertvollste, was man Jugendlichen geben kann, daß man sie an den Sport heranführt. Das ist eine gesunde Barriere gegen die Gefahren, die Halbwüchsigen drohen."

Gefahren? Ich kann nichts dazu, die Frage drängt sich einfach auf: Er meint doch nicht etwa Alkohol? Aber solch kleinlichem Gemäkel ist Claus Stauder allemal gewachsen. ,,Ich bin der letzte", erklärt er freundlich, ,,der einen Achtzehnjährigen davon abhalten will, sein Bier in Ruhe zu trinken. Wenn er dann noch ein ausgeprägtes Gefühl für Exklusivität besitzt, umso besser – soll er lieber ein Glas weniger trinken, und sich dafür etwas Besonderes gönnen."

Neidlos lache ich mit: Schön hat er das gesagt. Kompliment.

Ich
wurde gestaltet -
das war mein Job

Vom Kunststudium
zur Damen-Oberbekleidung

Fast hätte ich sie nicht erkannt. Das Foto, das sie mir vorher geschickt hatte, zeigt ein makelloses Gesicht, klar und kühl; später wird sie es „grafisch" nennen. Die Frau, die mir jetzt eine feste, schmale Hand zum Druck reicht, erscheint mir weicher, auch lebendiger. Aber Caren Pfleger legt mir dieses Foto ans Herz, kaum, daß wir ins Gespräch gekommen sind. „Das bin ich", sagt sie, „ein ganz einfacher, schlichter Kopf von mir."

Sie kommt in schwarz, eine überraschende Erscheinung in einem Haus, das mit seiner Üppigkeit überwältigt. Das Wohnzimmer, in das mich das asiatische Dienstmädchen weist, kann nicht zum Wohnen gemeint sein - ein verspielter Kamin gibt den Rahmen für niedrige weiße Sofas, auf denen pastellfarbene Seidenkissen so zwanglos absichtsvoll drapiert sind, daß der Gedanke, man könnte hier sitzen, nicht aufkommt: durchgestylt. Im Haus der Modeschöpferin liegt der Begriff nahe.

Er paßt auch zu Caren Pfleger. Sie ist eine bemerkenswerte Frau. Das schwarze Gewand wirkt nur auf den ersten Blick als Kontrastprogramm zu dem verschwenderischen Möbelarrangement. Der strenge knöchellange Faltenrock, dazu ein weiter, schmeichelnder Pullover; die Strümpfe ebenso schwarz wie die flachen Schuhe und das Make-up so dezent, als wäre es nicht vorhanden: Sie hat eine unauffällige, ungeheuer weitläufige Art, Eleganz vorzuführen.

Caren Pfleger spricht leise, aber diszipliniert. „Ich bin eine strebsame Deutsche", sagt sie, „ich war es schon, als ich noch Mannequin war, Model. Pünktlich, gewissenhaft, fleißig."

Sie ist mehr als das, sie ist zielstrebig und energievoll. Von sich, von ihrer Fotoarbeit spricht sie mit klarer Distanz; ein Mensch, der es gelernt hat, sein Gesicht als Kapital einzusetzen. Nicht den Kopf - das Gesicht. Daß sie Erfolg hatte, bezeichnet sie kühl als Willenssache: „Wenn man nicht erfolgreich ist, muß man eben etwas anderes angehen. Glauben Sie mir - wenn man nicht erfolgreich ist, dann ist man auch nicht begeistert, und wenn man nicht begeistert ist, dann kann man auch keine gute Arbeit leisten. Man ist nicht gut, wenn man keinen Erfolg hat.''

Ein bemerkenswerter Umkehrschluß, und ein hartes Urteil über eine harte Branche. Das Schicksal, das die Falten und die richtigen Fotografen nach eigener Regie schickt, kommt darin nicht vor. Ein Wort wie Vermarktung auch nicht. Begriffe, die mir fremd und schwer erträglich erscheinen: Sie sind ihr Selbstverständlichkeit. ,,Ich bin gebucht worden'', sagt sie, ,,man hat mich gestaltet.''

In Frage stellen läßt sie das nicht. ,,Ich sehe das ganz abstrakt - das war mein Job, ein Job mit sehr viel Ästhetik, mit sehr viel schöngeistigen, schönen Dingen - er hat mir viel Freude gemacht.'' Und dann, kaum überraschend, die Klarstellung, die die Richtung weist: ,,Es ist doch auch interessant, wenn man sehr viel Geld verdient, oder nicht?''

Mit dem Geldverdienen hat es angefangen, damals, als sie noch die Karin aus Oberhausen war. Als Kunststudentin in Köln bewarb sie sich auf eine Annonce, von 4711. Die suchten für einen Fersehspot ein junges Mädchen, das am Rhein entlang laufen und ein paar Worte über den Rhein, über Köln, über das Parfum sagen sollte. Es war der Einstieg in eine Karriere, die sie nach Paris, Mailand, New York brachte.

Caren/Karin erzählt nicht, sie berichtet. Knapp: Von den Fotoreisen, von dem Erfolg, den sie als Titelmädchen hatte. ,,Ich war damals ziemlich bekannt, ich habe einen klassischen Kopf.'' Kein Zweifel - ein liebevoll gepflegtes Selbstbewußtsein ist Grundbedingung für einen Beruf, in dem die Nuance eines Lächelns entscheiden kann.

Sie blieb oben. Caren Pfleger war Mitte 30, als sie aufhörte, als Mannequin zu posieren - daß sie heute 39 ist, knapp vor der magischen Grenze, die Frauen so fürchten, betont sie vielleicht eine Spur zu eindringlich.

Zur Hausfrau ist sie wohl nicht geboren. Die Heirat, die Tochter Eva können sie nicht ans Haus fesseln. Einen Kunsthandel gibt sie wieder auf. Aber sie hat Glück: Sie hat ihre Kontakte in der Branche, und sie hat ihre ungeheure Energie. Caren Pfleger übernimmt die Generalvertretung einer französischen Modefirma, und sie fängt an, das Design für den deutschen Vertrieb zu beeinflussen.

Daß sie damit anderer Leute Umsatz steigert, geht ihr gegen den angeborenen Geschäftssinn: Zwangsläufig entsteht der Gedanke, selbst eine Kollektion zu entwerfen.

Die Scheu vor dem Unkalkulierbaren, vor dem Mißerfolg, vor festen Terminen überwindet sie, dank der Disziplin, die sie in 15 Jahren vor der Kamera gelernt hat. Dabei steht sie ganz allein: ,,Mein Mann sagte, für diese exotische Branche kriegst du mich nicht, das mußt du schon allein machen.'' Aber als es dann anläuft, wird der Gummi-

Kaufmann aufmerksam. „Er stellte fest: Das ist ja ein Beruf wie jeder andere!" Heute hält er die Administration der Firma in der Hand, und Caren Pfleger lobt: „Er ist ein kreativer Unternehmer."

Natürlich hat sie auch für ihren neuen Beruf eine klare Philosophie: „Design, Mode, Kleidung ist ein Ausdruck von Kultur - wir können uns nicht nur für Malerei und Musik interessieren. Das alles sind Dinge, die das Leben verschönern." Das Wort von der „Deutschen Damenober-bekleidung" paßt zu den noblen Ansprüchen wie der Nagelschuh zum Kashmir-Pulli. Nicht für Frau Pfleger. Ich folgere: Die Philosophie gehört zum Geschäft, sonst brauchte man sie nicht.

Aber sie hat ein sehr hübsches, schmeichelndes Wort für ihre Arbeitsräume, keine zehn Minuten von der Villa entfernt: „Lassen Sie uns in die factory fahren", sagt sie, „dort können Sie meine Mitarbeiter in action sehen."

Die „factory" - das sind ein Büro, ein paar Lagerhallen und ein kleines Atelier. Hier arbeiten junge Mädchen an Nähmaschinen und Bügeleisen; eine näht einen Ärmel in einen beige-farbenen Blazer: Die Sommerkollektion 1985. Was die Mädchen hier fertigen, sind die Erstmodelle: „Damit gehen wir auf die Messe. Alles weitere machen Vertragshändler."

Sie arbeitet nur für Boutiquen. „Hochwertige Boutiquen", lächelt sie. O gewiß. Caren Pfleger gehört heute nicht nur zu den erfolgreichsten, sondern auch zu den teuersten deutschen Designern. Ein Ensemble - Rock, Hose, Bluse, Blazer - kostet bei ihr um 2000 Mark. „Alles wird teurer, nicht wahr?" fragt sie unschuldig und läßt liebevoll ein winziges Blütenmuster durch die Hände gleiten, irgendein seidiges Schlafanzugbein: „Das ist süß, gell? Das ist schön!"

Die Mädchen an den Nähmaschinen tragen Jeans. Wie ein exotischer Vogel schwebt die Chefin zwischen ihnen, lobt freundlich, fragt besorgt: „Am Mittwoch fliegen wir nach Mailand, freust du dich auch?" Mein Blick folgt so nachdenklich den Jeans, daß sie es bemerken muß. „O ja, zu Hause trage ich gern Jeans, eigentlich am liebsten!"

Zeit, ein ungläubiges Gesicht zu ziehen, läßt sie mir nicht. Mit souveränem Charme kommt es hinterher: „Aber dazu trage ich die schönen Blusen aus meiner Kollektion - ich finde, Seide auf der Haut ist doch das Angenehmste. Wenn man es sich leisten kann."

Marilyn Monroe lächelt aufreizend von der Bürowand, Symbol eines vermarkteten Körpers und einer zerbrochenen Sensibilität.

Irre ich mich, oder habe ich dasselbe Poster schon in der Pfleger-Villa gesehen? Nach Vergleichen suchend, finde ich Gegensätze. Nein, Carmen Pfleger ist keine zerbrechliche Marilyn, auch wenn sie zum Abschied „vielen lieben Dank!" sagt, wie der Star in einem seiner letzten Filme. Wie hat sie sich genannt: Eine strebsame Deutsche. Ja, das ist sie wohl.

Man
spannt doch keinen
Araber vor eine Kutsche

Arbeitgeberpräsident Jochen F. Kirchhoff - Unternehmer aus Leidenschaft

Er kleckert nicht, er klimpert nicht. Noch wenn Jochen F. Kirchhoff den Kaffee umrührt, liegt Energie in der Geste, selbstverständliche Eleganz gepaart mit höchster Konzentration. Nichts scheint in diesem Moment wichtiger, als die Tasse zu heben, nachdenklich einen Schluck zu nehmen. Lässig sinkt er ins Leder zurück, schweigt eine Sekunde. Dann formuliert der schmale Mund einen Satz, wie gemeißelt: „Es ist durchaus fragwürdig, ob es in der heutigen Zeit noch Freude macht, Unternehmer zu sein. Man muß schon aus besonderem Holze geschnitzt sein." Jochen F. Kirchhoff ist der Typ. Von liebenswürdigem Charme im persönlichen Umgang. Aber in der Sache beinhart.

Unternehmer ist er in der dritten Generation; seine Söhne gehen in dieselbe Richtung. Inhaber und Geschäftsführer einer metallverarbeitenden Firma in Iserlohn, ist Kirchhoff heute „erster" Unternehmer in Nordrhein-Westfalen: Die Arbeitgeber wählten ihn zu ihrem Präsidenten, als Nachfolger für den tödlich verunglückten Paul Pleiger.

Großvater Friedrich Kirchhoff hat den Grundstein gelegt, als er im Jahre 1873 als Lehrling bei der Firma Stephan Witte in Iserlohn eintrat. Zielstrebig und zäh hat er sich hochgearbeitet, wurde Prokurist, erwarb Anteile an dem Unternehmen; immer mehr Anteile. Was dann geschah, erzählt der Enkel wie einen gelungenen Coup: „Als der letzte Abkömmling der Wittes aus dem Ersten Weltkrieg zurückkam, sagte mein Großvater zu seinen beiden Söhnen: Da kommt uns dieser Tage der Ernst Witte besuchen, der hat laut Gesellschaftsvertrag einen Anspruch, in die Firmenleitung einzutreten." Aber dann eröffnete Ernst Witte den Herren Kirchhoff zu deren Verblüffung, daß er ausgezahlt zu werden wünschte. Jochen Kirchhoff lacht amüsiert: „Das war das Ende der Geschichte. In dem Augenblick war mein Großvater alleiniger Inhaber der Firma." Sein Bild in schwerem Öl hat der Enkel über den Schreibtisch gehängt.

Jochen Kirchhoff hat den Ehrgeiz seines Vorfahren im Blut; Ehrgeiz und Umsicht. Ohne Umschweife erklärt er, daß er mit Freuden Unternehmer ist. Seine Selbständigkeit liebt er über alles; Verantwortung, Anforderung und Risiko sind ihm Reiz und Ansporn. Er hat es nicht bedauert, daß er - spät, als 41jähriger - den väterlichen Betrieb übernommen hat, obwohl die Entscheidung ihm nicht leichtgefallen ist. Immerhin kam er aus der Großindustrie, war Vorstandsmitglied der Deutschen Babcock AG in Oberhausen, von der er immer noch schwärmt: „Ein weltweit operierendes Unternehmen, mit technisch hochinteressanten Programmen." Und mit kleinem feinem Lächeln setzt er hinzu: „Damals hat ein Iserlohner gesagt: Man spannt doch keinen Araber vor eine Kutsche."

Heute würde er nicht mehr „Kollege" sein wollen in einem Vorstand, einem Aufsichtsrat verpflichtet sein: „Entscheidungsprozesse sind dort sehr viel schwieriger, zähflüssiger, zeitraubender..." Wie Kirchhoff die Nachteile knapp und zackig auf den Tisch wirft, das gibt eine Ahnung davon, mit welcher Entschlossenheit der Mann das Nötige tut. Zum Beispiel, was die Söhne betrifft: Der Älteste ist Wirtschafts-Ingenieur bei Daimler-Benz; der dritte studiert Maschinenbau. Aber daß er einen seiner Söhne in den Betrieb aufnähme, das kommt überhaupt nicht in Frage. Nicht jetzt - nicht, solange sie nicht genug gelernt haben.

Kirchhoff selbst ging seinen Weg immer zielstrebig. Seine ersten Pläne machte er früh: Zwei ältere Brüder, das ließ Hoffnungen auf den väterlichen Betrieb nicht zu. „Und ich war nie ein Freund langen Zuwartens." Mit 16 wurde er zur Heimatflak eingezogen, dann meldete er sich zur Küstenwacht, um Marineoffizier zu werden. Aber der Krieg änderte alles. Beide Brüder waren gefallen, so wurde das Unternehmen frei für den Jüngsten.

Zunächst sah Kirchhoff die Zukunft im Hüttenwesen. Er machte ein „ordentliches" Abitur nach, begann sein Studium an der Bergakademie Clausthal. Maschinenbau, Betriebswirtschaft kamen dazu, dann die Promotion, und dann immer noch nicht die Firma in Iserlohn: Dies schien ihm zu begrenzt. Erst 1967 entschied er sich zum Wechsel, um das Überleben des Unternehmens zu sichern. „Mein Vater räumte den Platz sehr verständnisvoll, als er sah, daß der Junge in der Großindustrie ein bißchen was gelernt hatte", sagt er lächelnd.

Jochen Kirchhoff lächelt oft. Und er zeigt gern Verständnis; auch da, wo man es am wenigsten erwartet. Überraschend erzählt er von Eva, der 24jährigen Tochter, die neben dem Architektur-Studium Theater spielt - ausgerechnet beim Berliner Grips-Theater, einer Kinderbühne, die nicht unbedingt durch konservatives Wende-Denken bekannt ist. „Es gibt ihr viel", sagt der Vater jovial. „Ich beobachte das mit Interesse." Ohne mit der Wimper zu zucken, setzt er hinzu: „Wenn das nicht ausartet."

Mit der Gewerkschaft verfährt Kirchhoff kurz angebunden. Nicht mit ihren Vertretern: „Mit Herrn Geuenich habe ich wenige Tage nach meinem Amtsantritt ein sehr harmonisches Gespräch geführt." Er schätzt den DGB-Landes-Chef als einen Mann der Praxis, das ergibt Gemeinsamkeiten. Aber das hindert den Arbeitgeberpräsidenten nicht, den Gewerkschaften seine Vorwürfe scharf auf den Tisch zu knallen: Mitschuld an der Arbeitslosigkeit, überzogene Forderungen heute und vor allem „in einer Zeit, als sie es leicht hatten im politischen Raum." Nicht, daß er die Unternehmer von Mitschuld freispricht: „Sie haben sich lange als zu nachgiebig gezeigt. Das haben wir jetzt alle auszubaden."

Einen Mann des Ausgleichs nennt sich Jochen Kichhoff. Aber was ihn treibt, ist leidenschaftliches Unternehmer-Engagement - deshalb scheut er auch nicht die Konfrontation, „wenn es mir notwendig erscheint aus übergeordneten Gesichtspunkten." Was solche Gesichtspunkte sind, daran läßt er keinen Zweifel: Gegen die generelle 35-Stunden-Woche ist er aus Überzeugung. „Wir müssen den Mut haben, nein zu sagen und auch mal eine Verhandlung im entscheidenden Stadium platzen zu lassen."

Zu Hause spielt er Geige. Und Golf, auch mit den Söhnen. Daß alle vier Kinder noch immer mit den Eltern in Urlaub fahren, bereitet ihm sichtlich Genugtuung. Und dann erzählt er beiläufig eine Geschichte, die selbst den Pressesprecher verblüfft, der als Dritter bei uns in den edelschlichten Dienstsesseln ruht. „Wir nehmen Ferienwohnungen und kochen abwechselnd, immer zwei und zwei." „Sie auch?" platzt der Mitarbeiter heraus. Der Präsident nickt: „Ich beschränke mich allerdings aufs Kartoffelschälen und andere niedere Dienste."

Ein
Traum vom Frieden
für die Kinder der Welt

Wir spielen Schicksal -
aber wir wollen mehr!

Ein Rollstuhl fährt langsam durch das Dorf. Darin sitzt ein Junge, der sagt an: rechtsrum, jetzt links. Der Blinde, der ihn schiebt, folgt den Worten vertrauensvoll; so finden beide ihren Weg. „Dieses Bild hat mich nie mehr losgelassen", sagt der bärtige Mann, der mir gegenübersitzt. Ronald Gegenfurtner, Leiter des Friedensdorfes, ist erst 34, aber seit 17 Jahren ist sein Leben mit dem der vietnamesischen Kinder verbunden. die hier in Oberhausen leben.

Er ist ein kühler Typ. Wie der Anblick der beiden behinderten Kinder ihn berührt hat - das erzählt er quasi als Zugabe; wenn es nach ihm ginge, würde er mit keinem Wort über sich sprechen: „Schreiben Sie was über das Dorf", sagt er freundlich, aber bestimmt, „ich bin nicht wichtig. Meine Person ist auswechselbar. Alle Personen hier sind auswechselbar."

Zweifel daran wischt er beiseite. „Sehen Sie", sagt er beinahe unwillig, „es sind auch andere hängengeblieben - unser Hausmeister war früher Zivildienstleistender hier, einer von unseren ehrenamtlichen Mitarbeitern hat seinen Industriekaufmann von sich getan und studiert jetzt Sozialarbeit - und ich kann mich an einen Bierbrauer erinnern, der nach dem Zivildienst bei uns Krankenpfleger geworden ist; da hätte der vorher auch nie dran gedacht."

Wer die Jugendlichen im Friedensdorf gesehen hat, wundert sich nicht über diese Wirkung. Lahme, Blinde - die Worte sind viel zu schwach, um zu beschreiben, in welchem Zustand die Kinder aus Vietnam hier vor 15, 16, 17 Jahren ankamen. Von Napalm verbrannt, von Geschossen zerfetzt; vielen fehlen Arme oder Beine. Manches Leiden ist geheilt worden, für andere bedeutet die Hilfe Krücken und Mut, weiterzuleben. Li zum Beispiel, den wir in seinem Zimmer besuchen, hat keine Unterarme; eine Kassette schiebt er mit den dünnen Stümpfen in den Rekorder. In Vietnam hätte Li keine Chance gehabt.

Als Ronald Gegenfurtner zum erstenmal ins Friedensdorf kam, war die kleine Siedlung am Rande von Oberhausen gerade ein Jahr alt. Er war selbst fast noch ein Kind, 17; und voller Skepsis gegenüber dem

Projekt, das seine Kirchengemeinde da mit Spenden versorgte. Erst als er sah, welch dringende Hilfe hier zu leisten war, begriff er. Er beschloß, den Wehrdienst zu verweigern und seinen Zivildienst in Oberhausen zu leisten.

Daß er mal Dorfleiter würde - nee, sagt er, das hätte er sich nie träumen lassen; angestrebt hat er das nicht. Zweimal hat er seinen Beruf aufgegeben für das Dorf, zweimal ist er zurückgekehrt. Oft hat er an Absprung gedacht - warum, das weiß er selbst nicht. Vielleicht hat es damit zu tun, daß er hier von morgens bis abends gefordert ist. „Manchmal bin ich sehr müde", gesteht er, „abends bin ich oft nicht mehr in der Lage, mich zu unterhalten; dann wird nur noch die Glotze angemacht." Er möchte mal ein paar Tage frei machen - aber jedesmal, wenn er sowas denkt, liegt gerade irgendein Problem an, das noch zu lösen ist, oder eine Arbeit muß noch fertig werden. Da klingt es fast trotzig, wenn er sagt: „Ich steh irgendwo auf dem Standpunkt, alle fünf Jahre muß man sein berufliches Betätigungsfeld verändern."

Aber es sieht nicht so aus, als würde das Friedensdorf ihn jemals loslassen, trotz aller Probleme. Gegenfurtner mag ein dickes Fell haben - alles läuft auch an ihm nicht ab. Die Hauptsorgen sind: Geld, Geld, Geld. Und immer wieder die Vorurteile. Die Oberhausener, sagt er vorsichtig, lassen sich in zwei Gruppen teilen. „Es gibt welche, die haben gesagt, Mensch, da machen wir nen Afrika-Tag, und dabei haben wir die Leute vor der Haustür, die unsere Hilfe brauchen. Und auf der anderen Seite..." Er zögert, will offensichtlich niemanden auf die Füße treten. Ich helfe nach mit dem Stichwort „Ausländerfeindlichkeit"; da seufzt er. „Naja. Wir kriegen schon mal böse Anrufe. Einmal hat einer gesagt, warum habt ihr die nicht in Vietnam gelassen? Das könnt ihr uns nicht zumuten, jeden Morgen im Bus mit euern Krüppeln zusammen zu fahren." Er spricht nicht gern über solche Angriffe, aber zu diesem Thema läßt sich auch so manches denken.

Denn aus den niedlichen asiatischen Kindern sind Jugendliche geworden, die Lehrstellen brauchen. Ausgerechnet. Aber davon mal abgesehen - stellt sich da nicht noch ein anderes Problem? Der Vietnam-Krieg ist seit mehr als zehn Jahren zu Ende, die Jüngsten im Dorf sind 13, lange kann es nicht mehr dauern, bis sie selbständig sind. Und dann? Wird das Dorf dann überflüssig?

Ronald Gegenfurtner lächelt nachsichtig. „In unserer Satzung heißt es: Wir wollen Kindern helfen, die irgendwo in der Welt in Not geraten sind und um die sich niemand kümmert!" zitiert er. Und dann erzählt er, wie das Dorf damals entstanden ist - 1967, als sich Israelis und Araber schwer bewaffnet gegenüber standen. Für diese Kinder war die Zuflucht in Oberhausen ursprünglich gedacht. Als der Krieg schnell zu Ende ging, suchte der Verein ein neues Ziel. Genauso, meint Gegenfurtner, könnte es heute wieder sein. Er hat recht. Dieses Dorf wird so schnell nicht überflüssig.

Und eine neue Aufgabe ist auch schon gefunden. In diesen Tagen wird wieder ein Kind nach Oberhausen kommen, das erste seit mehr als zehn Jahren. Ein Baby aus Äthiopien, sieben Monate alt; es ist in Hamburg operiert worden und kommt mit seiner Mutter zur Nachbehandlung; Karl Heinz Böhm hat vermittelt. „Da bahnt sich eine Zusammenarbeit an", sagt Ronald Gegenfurtner, und man sieht ihm an, wieviel Hoffnung er in die neue Perspektive setzt. Auch das Notärzte-Kommitee, sagt er froh, hat sich interessiert gezeigt, hat geschrieben: Helft uns! Da sieht er eine große Chance.

Eine Chance - wofür? Ein Baby aus Äthiopien, ein paar hundert Napalm-Opfer aus Vietnam - ich muß eine Frage stellen, vielleicht die schwerste, die man Leuten vorlegen kann, die aus Menschlichkeit Zeit, Geld und Nerven einsetzen.Aber ich muß sie stellen: Wie ist das, wenn man einen rettet und hundert andere nicht? Was ist das für ein Gefühl.

Ronald Gegenfurtner sagt es kurz und knapp: „Erbärmlich. Beschissen. Ja." Und dann erzählt er langsam und nachdenklich: „Ich kann mich gut an den Karnevalsamstag 1975 erinnern. Ich war dabei, wie wir ein Mädchen auf ner Trage aus dem Flugzeug geholt haben; die konnte sich nicht mehr bewegen, die war praktisch querschnittsgelähmt. Die ist in Münster operiert worden, läuft heute rum, da sehn Sie überhaupt nichts mehr, das ist ein nettes, freches, normales Mädchen! Und die wär' in Vietnam, sechs Wochen drauf wäre die in Vietnam gestorben."

Das sind die Erlebnisse, die ihn weitermachen lassen. „Auch wenn man irgendwo Schicksal spielt. Aber wenn man sieht, daß man was tun kann - daß man nicht nur so rummacht ohne konkrete Ergebnisse..." Und dann erinnert er sich daran, daß Agitation das halbe Hilfsprogramm ist: „Setzen Sie unsere Kontonummern unter Ihren Artikel", sagt er energisch, „und sorgen Sie mit dafür, daß wir möglichst viel Geld kriegen, damit wir nicht nur Schicksal spielen müssen!"

(Was hiermit geschehen soll: Stadtsparkasse Oberhausen Nr. 102400 oder Postscheck-Konto 1218-434)

Nein, er wünscht sich nicht nur Geld. „Ich wünsche mir", sagt er stockend, „daß wir - wenn ich mal an die Entstehungsgeschichte denke: Kinder aus Israel und arabische Kinder, daß wir die zusammen hier unterbringen. Oder aus Irak-Iran. Und daß die hier lernen können: Gut. Die Eltern kloppen sich - aber letztendlich sind datt genauso Menschen wie wir." Ich sehe ihn fragend an. Realpolitiker ist er wohl nicht? Da lächelt er, mit demselben halb mürrischen, halb verlegenen Ausdruck, mit dem er immer droht, das Friedensdorf doch noch zu verlassen. „Klar - ernsthaft verfolgen kann man so was wahrscheinlich nur, wenn man noch eine dicke Portion Naivität hat. Weiß ich nicht, ob das realistisch ist, weiß ich nicht, ob das geht; aber darüber mach' ich mir auch keine Gedanken. Ist ein Traum für mich; für alle hier im Dorf."

Lyrisch, ironisch, immer voll Sehnsucht nach Versöhnung

Hanns Dieter Hüsch: Moralist, Humanist, Clown. Doch, auch Clown.

In der eisigen Hotelhalle ist Hanns Dieter Hüsch zu Hause. Hier, wo das Telefon schrillt und der Fernseher quakt, wo die Menschen kommen und gehen und immer neue Windstöße hereintragen, hier gehört er hin, hier hat er den größten Teil seines Lebens verbracht. Hier trifft er auch alte Bekannte: „Entschuldigung", sagt er und steht mitten im Satz auf, um Pinkas Braun zu umarmen. Es ist ein unerwartetes, sehr anrührendes Bild, wie der zierliche Kabarettist den Schauspieler in die Arme schließt; beide sind auf Tournee, sie treffen sich wie meistens nur für Minuten. Ohne Trauer verabschieden sie sich: „Bis zum nächstenmal!"

Zwischen zwei Gastspielen in Unna und Dortmund spreche ich mit Hanns Dieter Hüsch über Kabarett und Ostermarsch, über seine Kindheit in Moers und die Wirkung von Kunst; über Gott und die Welt.

Hüsch scheut vor nichts zurück. Keine Frage ist ihm zu einfach, keine zu abgelegen. Keine zu persönlich - das schon gar nicht. Er nimmt die Menschen ernst; also auch sich selbst. Deshalb wird jede Debatte über das, was er tut, zum Gespräch über Hüsch. Von der Erkenntnis, daß Theorie das eine, sinnliche Erfahrung das andere ist: Davon spüre ich bei Hüsch viel.

Ich frage ihn, was das ist, ein literarischer Kabarettist - er erzählt, daß er sich als Junge an den Expressionisten berauscht hat. Ich frage, welche Wirkung Kunst haben kann - er sagt, wie er sich vorstellt, er stünde in der Bahnhofshalle und fragte die vorbeihastenden Menschen: Was hältst du vom Hunger in der Welt? Von der Aufrüstung?

Seit 37 Jahren steht er auf der Bühne. „Kleinkunst" nennt er mit sanfter Ironie, was er anbietet, und er meint mit seinem Spott nicht nur die Kritiker, die Unterhaltendes nie für voll nehmen, sondern auch sich selbst, den Nicht-Ganz-Lyriker. Aber die Melancholie in seinen Worten läßt keinen Zweifel, daß er lieber sagen möchte: Kunst.

Kunst, Politik - er tut sich nicht leicht, seinen Standort zu erklären. Man muß genau hinhören, und man muß vor allem liebevoll verstehen wollen, um sich im Gestrüpp seiner gefühlvollen Thesen zurechtzufinden. Man darf nicht vor Worten zurückzucken, die ungewöhnlich geworden sind: „Meine Botschaft", sagt er, „ist der Gestus des Handreichens"; und: „Die Leute müssen spüren, daß ich sie liebe - diese arme Kreatur Mensch." Er meint es ernst, deshalb wirken die großen Worte nicht unerträglich; man muß ihm glauben, unbedingt, selbst wenn er naiv und paradox formuliert: „Natürlich bin ich politisch - nur, die Leute erkennen's nicht!"

Zum Schluß findet er dann doch die Worte, klar und ohne jede sentimentale Überspitzung: „Politik, das ist Zusammenleben - wie man miteinander umgeht; wie man sich verachtet, wie man sich liebt. Und wie man sich versöhnt. Mir geht es um Versöhnung um jeden Preis." Er wäre nicht Hüsch, wenn er nicht leise wiederholte: „Um jeden Preis."

Er wurde als Außenseiter geboren; als einer, von dem die Leute sagten: ein Krüppel. Oder, niederrheinisch, in zärtlicher Grausamkeit: Krüppelchen. Das hat ihn beizeiten zum Einzelgänger gemacht, zum lesehungrigen Kind, das in seiner Phantasie lebte und sich früh den Trost zurecht legte: daß man durch die Trauer hindurch müsse, um später von dieser Erfahrung zehren zu können.

„Es fing damit an", sagt er; und es fing wirklich alles damit an, daß er mit Füßen zur Welt kam, die um 180 Grad verdreht waren; Klumpfüße, sagt die Medizin, die nach hinten standen. Mit drei Monaten wurde er zum erstenmal operiert, und dann immer wieder, jedes Jahr, bis zu seinem 14. Lebensjahr.

Er erzählt gelassen von den frühen Qualen; fast begütigend, so, als wollte er freundliches Mitleid mit einer Handbewegung ersticken. Was für Erfahrungen stecken in solchen gleichgültig hingeworfenen Sätzen: „Das ist alles gar nicht so schlimm, ist nicht lebensgefährlich; es ist nichts Besonderes, Sie sehen ja, im Grunde bemerkt man es heute kaum."

In Wirklichkeit liegt hier alles. Hanns Dieter Hüsch allein auf der Bühne, nur mit der kleinen Orgel und mit seinen Texten, in denen sich, wenn sie gut sind, lyrische Ausdruckskraft mit scharfem Witz unnachahmlich verbindet - das ist das Kind mit den vergipsten Füßen. Die deutlich spürbare Bitte um Applaus gehört auch dazu. Und der Niederrhein.

Moers, der Niederrhein - fast schon ein Synonym für den schmalen Mann mit dem eisgrauen Bart; durch ihn jedenfalls zum literarischen Ort geworden: Hüsch nennt ihn seinen Ursprung. Am Niederrhein ist er geboren, und er bedeutet ihm beides. Deformation und Geborgenheit.

Mit ungewöhnlicher Wärme spricht er von seiner Kindheit, von seinen Vorfahren. Er hat sie sich ein bißchen zurechtstilisiert als irgendwie künstlerisch in all ihrer kleinbürgerlichen Normalität; aus dem Fuhrmann wird ein „Fahrender", aus dem Gastwirt ein Unterhaltungskünstler - „Er soll sehr spöttisch gewesen sein! Und immer so in sich hineingelacht haben!" - so, als verwiesen sie den Eingeweihten schon auf den Sproß mit den kaputten Füßen, von dem Onkel und Tanten sagten: „Dä Jung, da wird nix draus, Ritzenschieber wird dä, dä ist ja verrückt!" Er nimmt es ihnen nicht übel, mit wissendem Lächeln sagt er: „Das andere hat gesiegt, die Wärme, die sie mir gegeben haben."

Ist es diese Wärme, die seine Stärke ausmacht? Er spricht von seiner Arbeit, die er liebt, und im nächsten Moment von seiner schwerkranken Frau, die ihn braucht, so daß er seine Tourneen stark einschränken muß. Er sagte es ohne klagenden Unterton: „Der ganze Humanismus ist nichts wert, wenn er nicht konkret praktiziert wird."

37 Jahre Kabarett, und immer mit einem sehr großen Anspruch - eigentlich müßte er resigniert sein. Er benutzt das Wort nicht; das würde er nicht tun. Aber ein bißchen ist er es wohl doch. „Mein Trauma", nennt er die Frage, die sich ihm immer wieder stellt: Was ist erreicht worden? Hat es sich gelohnt? Die Antwort läßt alles dunkel: „Manchmal denke ich, es ist viel erreicht worden, aber es hat sich nicht gelohnt.

Und manchmal denke ich, es ist gar nichts erreicht worden, aber es hat sich gelohnt." Hüsch bleibt Hüsch.

Oder doch nicht? Es gab einmal eine Zeit, da ist er mit flatternden Händen auf die Bühne gegangen. 15, 16 Jahre ist das jetzt her, da wartete er bei jedem Auftritt schon darauf, daß das Pfeifkonzert anfing: „Aufhören! Wir wollen diskutieren! Hör auf mit deinem Kunstscheiß!"

Zögernd spreche ich ihn auf dieses Erlebnis an. Aber er hat das überwunden, sagt Hanns Dieter Hüsch, das berührt ihn nicht mehr, auch wenn die unerbittliche Forderung der späten 60er nach Revolutionsgesängen mit aller Konsequenz vom Podium stieß, was dem nicht genügte. Daß ihn der Boykott damals an den Rand der Existenz drängte („Das hat sich ja niemand überlegt, daß ich von meiner kabarettistischen Arbeit lebe!") hat ihn nicht bitter gemacht. Er versteht das, sagt er, aber er kann sowas nicht.

Am Abend, als ich in der Vorstellung sitze, bekomme ich unerwartet den Beweis, daß diese Zeiten vorbei sind. Im überfüllten Saal wird er stürmisch begrüßt. Stille, als er beginnt; erster Applaus. Plötzlich unterbricht ihn eine helle Mädchenstimme: „Kannst du nicht mal aufhören, du störst uns!" Auf den hinteren Plätzen recken sie die Hälse und ich spüre einen schmerzhaften Herzschlag - aber Hanns Dieter Hüsch ist nicht gemeint. Gemeint ist der Fotograf vor dem Podium, der ein Bild nach dem andern blitzt; es entspinnt sich ein Dialog, in den sich eine neue Stimme mischt: „Mich hat das nicht gestört!" Ich weiß nicht, wo ich hinsehen soll, das ist mir peinlich; ich will nicht, daß man ihn unterbricht, er ist mit soviel Offenheit vor dieses Publikum getreten...

Und dann, in eine kleine Pause hinein, fragt Hanns Dieter Hüsch mit der liebenswürdigsten Handbewegung, so als wollte er sich entschuldigen, daß er sich einmischt: „Wollen wir vielleicht lieber eine Diskussion machen? Zum Thema: Der Fotograf und das Publikum?" Die Zuhörer jubeln und ich atme auf. Die Zeiten haben sich geändert; und Hüsch sich auch.

Was spricht denn gegen Minnesang ?

Ein Student wie aus dem 19. Jahrhundert

Er erwartet mich an der Tür, wie ein guter Hausvater. Begrüßt mich mit einer artigen kleinen Verbeugung. Bittet mich durch hohe holzgetäfelte Räume in den Garten, dessen liebenswerte Verwilderung er rügt: O ja, die Villa am Stadtpark gehört zu den feineren Bochumer Adressen.

Und, o ja: Man geht mit einem Verbindungsstudenten anders um als sonst mit einem 25jährigen. Warum zögere ich, als Thomas Steinhoff einen der lederbezogenen Stühle nimmt und nach draußen trägt? Normalerweise hätte ich den zweiten Stuhl genommen und wäre ihm ins knöcheltiefe Gras gefolgt. Aber hier, wo die jungen Männer zur Begrüßung nicht nur ihren Namen nennen, sondern ein schneidiges „AV Silesia Halle zu Bochum" anhängen, folge ich stumm einer Handbewegung, die keinen Widerspruch duldet: „Bitte, nehmen Sie Platz."

Vorsichtig umkreisen wir uns. Versuchen, uns aufeinander einzustellen. Er bindet den Schlips ab, kaum daß wir sitzen, sagt jovial: „Nicht, daß sie glauben, ich liefe immer mit so einem Kulturstrick rum..." O ja, es redet sich auch anders mit einem Corporierten als sonst mit einem Studenten.

Zehn Semester hat er hinter sich, im Frühjahr fängt er mit dem Examen an. Er wird 13, vielleicht 14 Semester auf dem Buckel haben, wenn er Referendar wird, eine stolze Zahl heutzutage. Natürlich geht sie auch zu Lasten der Verbindung: er sagt das offen. Das Wort von der akademischen Freiheit fällt zwangsläufig.

Als Thomas Steinhoff Fux wurde, Verbindungsstudent zur Probe, sagten seine Eltern nur: Wenn du dein Studium nicht vernachlässigst ... Aus eigener Erfahrung kannten sie dieses Leben nicht. Höre ich eine leise Verlegenheit heraus? Thomas Steinhoff erklärt: „In meinem Elternhaus ... waren ... noch keine sogenannten Akademiker ... Mein Vater ist Finanzbeamter." Was anderswo als Nebensache kaum erwähnenswert wäre – hier führt es zur beinahe revolutionären Umkehrung der Gesellschaftsordnung: Die Eltern steigen durch den Sohn auf in neue Kreise, sie begleiten ihn zu Stiftungsfesten, zu Bällen; sitzen neben Doktoren und Professoren. Ob sie ihren Thomas mit Stolz betrachten, wenn er im blauen Vollwichs chargiert, die himmelblaue Mütze, die er

Tönnchen nennt, keck auf dem Kopf, und inbrünstig singt: „Auf Brüder, auf, beginnt das Lied der Weihe, auf das es mächtig durch die Seele dringt...?"

Vorsichtig frage ich nach dem Bierkonsum. Er weist alles weit von sich: Sie saufen nicht im CV; dem Cartellverband der Katholischen Deutschen Studentenverbindung: „Es gibt keinen Comment, der einen Bundesbruder zwingt, Bier zu trinken", erklärt er förmlich, und die Erklärung leuchtet sogar ein – viele Studenten wohnen nicht in Bochum und fahren abends mit dem Auto nach Hause. Antialkoholiker sind sie deshalb allerdings nicht – die Trinksitten haben sich nur verschoben: „Sicher bringen wir auch mal unsere Schlafsäcke mit aufs Haus, und dann geht's hoch her", lacht Thomas Steinhoff behaglich. Und ich ahne schon, warum das Commersbuch – ein dicker Band voller Volks- und Studentenlieder – vier metallene Noppen auf jeder Deckelseite hat: Wenn Bier umkippt, kann es unter dem Buch herlaufen, bestätigt er. Was also doch gelegentlich vorzukommen scheint.

Comment – Bierzipfel – Band und Mütze – was bringt einen Jungen von 19, 20 Jahren dazu, sich einem Regiment zu unterwerfen, das aus dem 19. Jahrhundert stammt? Das vorschreibt, wie man sitzt und aufsteht und wann welches dieser schwülstigen Lieder gesungen wird? 50 Neue sind in den vergangenen 6 Jahren in die Verbindung eingetreten; eine Minderheit, sicher – aber immerhin; was reizt sie denn?

Thomas Steinhoff weicht aus. Dreimal, viermal versuche ich, ihm Beweggründe zu entlocken; ich will ja verstehen, was diese jungen Leute mit solchem Eifer zu Formen treibt, die sie wie Vierzig-, Fünfzigjährige wirken läßt; die sie bis in die Wortwahl hinein rigoros von anderen Männern ihres Alters trennt. Er weicht aus.

Erklärt, daß sein Freund in der Verbindung war und ihn „gekeilt" hat. Daß er gedacht hat, guck dir das mal an, dann kannst du mitreden. Daß es für ihn dazugehört, in einer katholischen Verbindung zu sein... in Wirklichkeit sagt er nichts. Oder beschreibt das, was ich als Ausweichen deute, den Charakter der Verbindung viel genauer als alle die großen Worte von Religion und Freundschaft, Wissenschaft und Vaterland – alles auf lateinisch, versteht sich, weil sie ja nun mal angehende Akademiker sind, auch wenn sie vom Standesdünkel offiziell so wenig wissen wollen wie von der Bierseligkeit des vergangenen Jahrhunderts?

Er empfinde die Regeln nicht als einengend, sagt er zurückhaltend, sonst wäre er ja nicht Bursche geworden: „Man kann diese vorgegebenen Dinge als ein Korsett betrachten, in das man sich einpaßt." Er sagt es ohne Ironie. Dann erklärt er doch etwas: „Diese Traditionen ermöglichen es, sich mit Generationen zu treffen, die vor 40 oder 50 Jahren studiert haben. Unsere Farben tragen 20jährige wie 80jährige: Zeichen eines Lebensbundes."

Es ist mir fremd, was er sagt. Einmal spricht er von Nestwärme – da glaube ich ihn besser zu verstehen. Es klingt mir auch dumpf: ich meine, zackige Kommandos zu hören, als ich im Fotalbum blättere; ich sehe weiße Handschuhe, die den Säbel halten, der Schläger heißt und mit dem nur auf den Tisch geschlagen wird: Aus christlicher Verantwortung, sagt er. Ich sehe begeisterte junge Gesichter, rote Backen, offene Münder, und, auf einem anderen Bild, einen Herrn im weißen Haar, der mir bekannt vorkommt: „Das ist der alte Herr Hupka", sagt Thomas Steinhoff, „er hat beim letzten Stiftungsfest die Festrede gehalten. Ja, über Schlesien."

Er betont gern, wie offen die Verbindung ist. Daß neuerdings Ausländer beitreten können (sie haben einen Japaner und einen Koreaner). Daß sie sogar einen Bundesbruder haben, der lila Latzhosen schick findet (da lacht er allerdings denn doch amüsiert). Daß sie noch nicht mal sagen: Du mußt gedient haben. Oder: Du mußt in der CDU sein. Obwohl sie natürlich fast alle gedient haben. Und von manchem Bundesbruder weiß man halt, daß er in der Jungen Union ist.

Thomas Steinhoff ist in keiner Partei. Dazu müßte er mit dem Programm zu 90 Prozent übereinstimmen, sagt er kühl, und diese Partei gibt es nicht – nach welcher Seite ihm die Prozente fehlen, läßt er offen. Aber wenn ein NPD-Mitglied einen Aufnahme-Antrag stellen würde, dann würde er persönlich dagegen stimmen; da hätte er ein ungutes Gefühl, sagt er.

Zum Thema Schlesien wird er ausführlich, kaum daß ich ihn antippen muß. Als erstes stellt er klar: „Ich möchte sagen, daß ich Alten Herrn Hupka für einen Demokraten halte." Aber dann, als wäre das schon zu viel Distanz, fügt er schnell hinzu: „Und daß er – sehr harte Einstellungen zu gewissen Fragen, die Deutschland und die deutsche Ostpolitik betreffen, vertritt, kann ich ihm auch nicht verdenken. Mein Vater kommt aus Oberschlesien, und wenn ich auch nicht in allen Dingen mit der Meinung von Alten Herrn Hupka übereinstimme, so muß ich doch sagen, einige Dinge sollte man im Auge behalten."

Eine Frage ist noch offen. Komisch – sie will mir nicht so recht über die Lippen; vielleicht, weil ich mich betroffen fühle. Vielleicht, weil mir persönlich der Umgang der Corporierten mit ihren „Damen" noch verstaubter erscheint als die übrigen Riten. Thomas Steinhoff lächelt.

Lächelt und sagt charmant: daß er es angemessener finde, wenn man Frauen einen Stellenwert zukommen lasse, der ihnen gebühre. Was klingt mir daran so hohl?

Minnesang, sage ich leise, das klingt mir so nach Minnesang. Da sieht er mich mitleidig an. „Was spricht denn gegen Minnesang?" Nichts, ich weiß. Außer, daß er in eine andere Welt gehört.

Ein
Wink, und die Compagnie tobt durch den Saal

Die leise
Pina Bausch
in ihrer grellen Welt

Pina Bausch kommt um halb drei. Im kahlen Flur der Essener Folkwang-Schule, wo sie die Ballettklasse leitet, ist reichlich Zeit geblieben, weißgekalkte Wände und einen schmutziggelben Wasserfleck an der Decke zu studieren. Klaviermusik fällt von oben durchs Treppenhaus; jenseits des Flures läßt eine gläserne Schwingtür den Blick frei auf Stange und Spiegel. Tanzsaal 2, steht draußen auf dem Schild. Das ist die Welt von Pina Bausch.

Unter dem straffen Scheitel blicken große Augen wie betroffen, mit einem ständigen Ausdruck leiser Trauer. Alles an Pina Bausch ist leise. Nicht sanft, nur leise. Und jederzeit zu Widerspruch bereit.

„Warten Sie auf mich?" fragt sie wie überrascht. Sie schließt ihr Büro auf und läßt die Tür offen. Pina Bausch sagt nicht: „Kommen Sie rein." Sie sagt auch nicht: „Setzen Sie sich doch." Sie geht rein, setzt sich. Schmale, unruhige Hände ziehen aus dem Päckchen eine der ungezählten schwarzen Zigaretten, die sie während unseres Gesprächs rauchen wird.

Die Frage, warum sie tanzt, stürzt Pina Bausch sichtlich in Zweifel. In ihrer Antwort scheinen Abgründe zu liegen. Sie zögert lange, setzt an, verwirft wieder. „Tja. Wie soll man da sagen?" Dann, langsam, wie aus großer Tiefe: „Ich glaube..., daß sich jeder Mensch ausdrücken möchte..., etwas erzählen will von sich ... was er denkt - ... was er fühlt ... was er weiß ... oder auch, was er nicht weiß..." Die Hände reden mit, unterstreichen Worte, ziehen Gefühle ans Licht.

Pina Bausch als Eindruck eines Tanzabends und als Persönlichkeit - ein größerer Gegensatz ist kaum denkbar. Was auf der Bühne grell,laut, provozierend erscheint, klingt im Gespräch nachdenklich, zögernd, zurückgenommen. Wie eine Schnecke ohne Haus sitzt die umstrittenste Choreographin der Bundesrepublik auf dem abgewetzten Sofa in ihrem Büro. In Wahrheit trägt sie einen festen Panzer, stärker als jedes Schneckenhaus. Öffnen wird sie sich erst im Ballettsaal, unter ihren Tänzern.

In Wuppertal ist alles anders. Die Tänzer hocken rauchend auf der Treppe im Opernhaus. Wohlig schaudernd registriert der bürgerliche Betrachter die bunte Sammlung. Einer trägt wollene schwarze Strumpfhosen bis unter die Achseln, ein anderer einen schenkellangen Skipullover, der so abgewetzt ist, daß der Körper durchscheint wie bei einem Seidenhemd. Ein Mädchen hat den flaschengrünen Pulli quer um die schmale Brust geknotet; oben gucken nackte Schultern und zwei rosa Träger raus.

Pina Bausch kommt. Im grauen Männerunterhemd und dunkler Beulenhose wirkt sie in dieser Sammlung von Merkwürdigkeiten hochsolide. Begrüßung nach allen Seiten, jemand bekommt ein Küßchen. Pina Bausch lacht viel: Daher stammen die Fältchen um die ernsten Augen! Nein, auch die Augen wirken im Ballettsaal nicht so traurig. Sie lächeln mit.

Klein und unauffällig sitzt sie vor dem Spiegel, der die Stirnwand füllt; die Beine übereinander geschlagen und den linken Fuß noch zusätzlich um die Wade gewickelt, als wollte sie sich noch schmaler machen. Sie beißt von dem Brötchen ab, das ihr jemand aus der Kantine mitgebracht hat, nimmt zwischen zwei Bissen einen tiefen Zug aus der Zigarette. Dann steht sie auf. Redet ein paar ihrer leisen Worte mit den Nächststehenden und fordert kaum hörbar: ,,Wir machen jetzt erstmal das.'' Mit zwei, drei Fußbewegungen deutet sie an, welche Tanzfigur sie meint. Sekunden später tobt die Compagnie in aggressivem Rhythmus durch den Saal.

Pina Bausch scheint zu träumen; in Wirklichkeit beobachtet sie gespannt. Dann plötzlich verschmilzt sie mit den Tänzern, schneidet Grimassen mit, bewegt die Arme zu denselben Figuren wie die Gruppe. Manchmal lächelt sie. Das ist dann wohl ein Lob.

Sie sagt nicht viel. Am Ende einer Tanzszene - da, wo im Theatersaal das Publikum aufspringt und begeistert klatscht - steht sie auf und sagt: ,,Manche machen das mit den Armen noch so'', und sie macht einen weichen Bogen vor. ,,Ich mach' das so:'' Sie formt dieselbe Bewegung, aber dieser Bogen wirkt gespannter, fordernder: ,,So, ja?'' Pina Bausch sagt nicht: ,,Das war schlecht.'' Ihre schlimmste Drohung heißt: ,,Ich mach' das jetzt noch einmal, und dann geh'n wir weiter.'' Sanft klingt der bergische Tonfall durch.

Pina Bausch stammt aus Solingen. Sie erzählt nicht viel von sich, gerade das ohnehin Bekannte: Daß sie 1940 geboren ist, daß der Vater Gastwirt war, daß ,,ein paar Leute'' sie als Vierjährige zum Kinderballett brachten, weil sie so gelenkig war. Und daß sie Philippine heißt. Als Kind hat sie sich die Abkürzung ,,Pina'' ausgedacht: ,,Ich heiß' schon immer so'', sagt sie mit diesem leicht erstaunten Unterton, mit dem sie Fragen kommentiert, die ihr unwichtig erscheinen. Mißmutig wehrt sie ab: Von tänzerischer Begabung in der Verwandtschaft weiß sie nichts. „Ich weiß da nicht so drüber Bescheid", sagt sie ohne den Hochmut, der Interesse schaffen würde. „Ich hab von Malern gehört, von Leuten, die Theater gespielt haben sollen; ein Bischof ist da auch, glaub ich. Aber... ich weiß das nicht genau... es sind fast Gerüchte." Nein, man kann Pina Bausch nicht nach ihrem zweijährigen Sohn fragen.

Auf der Bühne erzählt sie viel ausführlicher von sich: Von der Kindheit, von Angst, von Liebe und Tod. Um diese Themen werden auch die nächsten Stücke kreisen. „Natürlich", sagt sie mit dem bewußten Unterton, „es gibt doch nichts Wichtigeres." Das ist allerdings das Äußerste, was sie über Zukünftiges zu sagen bereit ist. Unerwartet hart weist sie Fragen nach dem neuen Stück zurück: „Das ist etwas, was ich keinem Menschen erzähle. Niemandem."

Ewas Unbenennbares entsteht. „Man kann es gar nicht richtig sagen; wenn man das versuchen würde, hätte man es schon eingeengt. Es ist... etwas sehr Empfindsames ... ein Kern ... wenn man ihn beschreiben würde, hätte man ihn schon kleiner gemacht ... Nee, da kann ich nichts drüber sagen. Da hinkt das Bewußtsein hinterher."

Über die Bemerkung, daß in ihren Stücken vieles ist, worüber man lachen kann, freut sie sich. In dieser Reaktion wird ohne viele Worte plötzlich klar, daß sie wirklich nicht schockieren will. Zwar gesteht sie zu, daß sie „Wunden berührt, die nicht berührt sein wollen." Aber das hat nichts mit Theorien zu tun. Sie will aussprechen, was ihr wichtig ist und was ihr als „wahr" erscheint. Dem paßt sie die tänzerischen Mittel an. Das ist alles.

Und wenn Menschen türenwerfend ihre Aufführungen verlassen? Macht sie das nicht traurig? „Och", sagt sie leise und noch ein bißchen stockender als sonst. „Jo. Och jo..., das sind oft ... Mißverständnisse ... wenn man denkt, ich will dem Publikum irgendwie was Böses... Aber so ist es gar nicht gemeint ... Hinterher erzählt man das so, aber es berührt einen schon... Ich bin nicht abgebrüht."

Der
lange Weg
der kleinen grünen Schritte

Gaby Potthast: Zwei Jahre Politik
sind genug

Die MdB wohnt in einer WG. Zu gut deutsch heißt das: Die Bundestagsabgeordnete Gaby Potthast lebt in einer Wohngemeinschaft, zusammen mit zwei anderen Frauen und deren beiden Kindern. Davon, daß ihr das mehr Spaß macht, als allein zu wohnen, spricht sie nicht. Vielleicht setzt sie das als selbstverständlich voraus. Gaby Potthast nennt sachliche Gründe. Sie nennt überhaupt immer sachliche Gründe.

Die Wohngemeinschaft, sagt sie, wurde nötig, als sie nach Bonn ging. die Wende traf auch ihr Privatleben voll: Wenn sie alle acht, manchmal auch nur alle 14 Tage nach Hause kam, dann wuchsen ihr im Kühlschrank die Pilzkulturen entgegen. Das war das Ende des Single-Daseins. „Es ging einfach nicht mehr", sagt sie, „ich mußte darauf achten, daß ich in eine existierende Hausgemeinschaft komme."

Ob sie zufällig nur mit Frauen zusammenlebt, will ich wissen. O nein, sagt Gaby Potthast. Sie ist Feministin, aber das erwähnt sie erst später. Die Bedürfnisse, von denen sie spricht, sind praktischer Art; ihre Worte sind es weniger. Sie sagt nicht: Mit Männern gibt es immer Probleme mit der Hausarbeit. Sie sagt: „Ich glaube, daß dieser gesamte Bereich der Reproduktionsarbeit in gemischten WeGes ein leidiges Thema ist." Wer in der intellektuellen Ausdrucksweise nicht so recht zu Hause ist, tut sich nicht leicht mit ihr.

Natürlich gibt es auch im Fachwerkhaus in Bochum-Gerthe Reibungspunkte. Kleine, gewiß. Aber immerhin.

Wir sitzen am Frühstückstisch, der anheimelnd mit verschiedenen Marmeladentöpfchen und einem Strauß Wiesenblumen gedeckt ist, da läuft durchs Nebenzimmer ein kleines Mädchen. „Lisa", ruft Gaby durch die offene Tür, „deine Schleife paßt nicht zum Pullover!" Lisa dreht sich gar nicht um. Über die Schulter wirft sie lässig hin: „Das muß ich besser wissen."

Zehn Minuten später sitzen wir in Gaby Potthasts sparsam eingerichtetem Zimmer und reden über die Kleiderordnung im Bundestag. „Ich möchte für mich die Freiheit haben, so rumzulaufen, wie ich es für richtig halte", sagt Gaby Potthast. Ich verkneife mir ein Lächeln.

Jedenfalls sind wir beim Thema. Was die grüne Politikerin an der parlamentarischen Arbeit kritisiert, hat für sie durchaus mit dem Thema Kleidung zu tun: „Viele Abgeordnete verschanzen sich hinter Schlips und Kragen, geben eine weiße Weste vor. Wenn man nur mal an die Flick-Affäre denkt - da wird doch diese ganze Schein-Biederkeit deutlich. Äußerlich entsprechen diese Leute der Vorstellung eines ordentlichen Abgeordneten - und was passiert? Das Volk wird betrogen. Von vorne und von hinten."

Das Volk und die Politiker - das ist ein Problem, mit dem Gaby Potthast sich in den letzten anderthalb Jahren immer wieder beschäftigt hat. Als sie nach Bonn ging, stürzte ungeheuer vieles auf sie ein. Ein Berg von Arbeit mußte bewältigt werden, politische Arbeit und organisatorische, denn im Gegensatz zu den anderen Parteien fingen die Grünen ganz unten an, ganz vorne.

Daraus entstanden unendliche Arbeitstage, die anfingen und endeten mit demselben Gefühl: Schuldbewußtsein, wieder nicht alles geschafft zu haben. Als Gaby Potthast im Frühjahr nach einem Autounfall 14 Tage im Krankenhaus lag, empfand sie es als eine Liebenswürdigkeit des Schicksals, daß sie endlich mal ihre Ruhe hatte und ausschlafen konnte.

Aber es war nicht nur die Menge dessen, was bewältigt werden mußte - es war auch die Art und Weise, wie in Bonn Politik gemacht wurde, die die überschäumende Freude am grünen Mandat allmählich auf ein gequältes Lächeln schrumpfen ließ. Da war vor allem die Erkenntnis, daß die in Bonn eine andere Sorte Mensch sind als die, von denen sie gewählt werden. Die mühsame Arbeit in den Ausschüssen weckte das ungute Gefühl, daß alles, was da geschieht, „so abgehoben" ist: „Die Leute befinden über Gesetze - Erwerbsunfähigkeitsrente - Kürzung der Freifahrt für Behinderte - Mutterschaftsgeld - die ziemlich starke Auswirkungen auf den einzelnen haben. Aber diejenigen, die sie machen, überhaupt nicht betreffen."

Das ist eine miese Ausgangssituation für jemanden, der (- Gaby Potthast würde feministisch formulieren: für eine, die -) den hohen Anspruch hat, für die sozial Schwachen einzutreten. Schließlich ist auch sie jetzt eine von denen in Bonn. Aber ihr Verhalten unterscheidet sich doch sehr von dem der Etablierten. Praktisch heißt das: Das Geld, das sie als Abgeordnete verdient, immerhin rund 12.000 DM insgesamt, wird weder aufgegessen noch bei schönerem Wohnen verbraten, sondern fließt zu einem erheblichen Teil in sogenannte Öko-Fonds - das heißt, fast Dreiviertel ihres Gehalts geht an alternativ-ökologische Projekte.

Politisch bedeutet es den Rundumschlag. Am Anfang stand die Erkenntnis, daß man nicht einfach nach Bonn gehen und alles anders machen kann. Aber die Grünen machten aus dieser Not eine Tugend: „Jedes einzelne Gesetz ist schon derartig spezialisiert, geht in so winzige Kanäle, daß es überhaupt nicht mehr vorstellbar ist. Und die meisten von uns sind Laien in bezug auf das, was die Legislative ausmacht. Das heißt, wir können an viele Sachen nur prinzipiell rangehen.“

Prinzipiell rangehen, das heißt einerseits: mit der grundlegenden Forderung nach einem anderen Gesellschaftssystem: andererseits: mit persönlichem Engagement. „Innerhalb der Ökologie-Bewegung gibt es Menschen, die bereit sind, ihr Leben dahingehend zu verändern, daß sie nach logischen Kriterien leben.“

Für sie selbst bedeutet das zum Beispiel, daß sie aufgehört hat zu rauchen. Sie erzählt die Geschichte mit sichtlichem Vergnügen: „Das war in der Zeit, als ich an der Uni in der Prüfung steckte. Ich bin zum Arzt gegangen und habe gesagt, Herr Doktor, Herr Doktor, ich kann mich nicht mehr konzentrieren.“ Der Arzt riet ihr, mit dem Rauchen aufzuhören, aber das erschien ihr zu mühsam; lieber ließ sie sich ein homöopathisches Mittel verschreiben. „Ja“, sagt sie, „und dann saß ich an meinem Schreibtisch und wollte mir grade wieder eine Zigarette drehen, und sah mir dieses Präparat so an. Da habe ich gedacht: Meine Güte, jetzt versuchst du, künstlich das wieder herzustellen, was du auf natürlichem Wege kaputtmachst. Du rauchst Zigaretten, ruinierst deinen Körper und versuchst, dich anderweitig wieder aufzuputschen. Also genau das Prinzip, nach dem das Industriesystem funktioniert. Das ist doch bekloppt." Die Zigarette blieb ungedreht.

Übermäßig rigide ist sie allerdings nicht in ihren Standpunkten. Sie hat da schon Probleme mit der eigenen Betroffenheit; zum Beispiel, weil sie gern Motorrad fährt. Aber ihre Maschine ist seit zwei Jahren kaputt – unglücklicherweise, sagt sie. Nein, das ist kein Versprecher. In schöner Offenheit nennt sie dieses ihr Hobby einen Luxus und fügt die menschlich einsichtige, wenn auch nicht allzu strenge Maxime hinzu: „Ich glaube nicht, daß es gelingen wird, alle Widersprüche, in denen wir leben, von heute auf morgen aufzuheben."

Für ihre Zukunft hat sie allerdings schon eine Vorstellung, wie sie die Widersprüche in den Griff bekommen will. Die studierte Lehrerin ohne Examensarbeit („Die wird noch geschrieben!") sorgt sich wenig um Fragen, die sich aus der Versorgung ergeben: Unmöglich, jetzt Antworten zu finden. Bald sind die zwei Jahre rum, die sie nach dem rotierenden System der Grünen als Abgeordnete in Bonn bleiben wird. Danach möchte sie am liebsten raus aus der Politik, raus aus einer Atmosphäre, die ihr zu sehr nach Machtgelüsten schmeckt, wo sie auch bei den eigenen Parteifreunden schon Kompromiß-Bereitschaft spürt.

So wie die Dinge liegen, hat sie mehr Lust, wegzugehen. Gaby Potthast drückt es so aus: „Momentan geht bei mir die Tendenz unglaublich stark dahin, gemeinsam mit anderen Leuten ein Projekt anzufassen. Am liebsten mit Frauen, ohne Männer direkt auszuschliessen."

Fast verschämt wird sie konkreter: „Ich habe vor, tatsächlich irgendwo so etwas wie ein Selbstversorgungsprojekt zu initiieren. Also - man könnte das auch Landkommune nennen. Es gibt mittlerweile schon reichlich in der Bundesrepublik - schon fast kleine Dörfer."

Die
Knorpel brechen –
verfing bei ihm nicht
Manfred Krug – immer Krach
mit den Oberen

Er ist ein Quertreiber, der Manfred Krug. Laut, direkt, grob und kompromißlos. Widerspricht pausenlos; manchmal auch sich selbst. Was ihm aber nichts ausmacht, sondern nur neue Erklärungen hervorruft. Er hat eine Meinung und, was schlimmer ist: beharrt darauf, sie auch zu sagen. Ein äußerst unbequemer Charakter.

„Fragen Sie nur", sagt er mit vollen Backen, „Sie können mich alles fragen, was Sie wollen", und dann haut er mir die Fragen um die Ohren, daß die Fetzen fliegen. Was aber weiter nichts bedeuten soll, es ist nur so seine Art.

An sich sitzen wir ganz gemütlich in einem Berliner Biergarten. Die Stammgäste legen Bierdeckel übers Glas, damit der gewaltige Baum nur Schatten und keine Aststückchen hineinwirft. Manfred Krug trinkt Kaffee zu den mitgebrachten Stullen, aber der Gedanke, er würde irgendwas sorglich über seine Tasse decken, hat etwas Absurdes. Er rührt mit einer Leidenschaft den Zucker unter, als ginge es ums Leben. Man hat bei ihm häufiger den Eindruck, als ginge es ums Leben.

Er kommt von der Arbeit. Gleich um die Ecke, in einem renovierungsbedürftigen Altbau, dreht er eine neue Fernsehserie. Krug spielt einen Anwalt mit dem schönen Namen Liebling, so einen Typ: rauhe Schale, weicher Kern. Die bonbonbunte Blümchenkrawatte, die den Liebling schmückt, hat er zum Glück abgelegt; sie hätte mir die Stimme verschlagen.

Natürlich weiß er, was kommt. Natürlich weiß er, daß ich ihn fragen werde nach all den Kommissaren, die er gespielt hat, und jetzt dieser Anwalt – Manfred Krug, mehrfach preisgekrönter Schauspieler, ein Mann, der gut 40 Filme gedreht hat; gute, hochgelobte Filme: Er weiß, was ich fragen werde, und ich ahne schon, daß er wie ein Stier losgehen wird. „In Amerika müssen die hochrangigen Unterhaltungskünstler nicht ein einziges Mal in ihrem Leben so eine Frage beantworten", bölkt er über das Tischchen. Um gleich darauf mit der großen Hand Begütigung zu winken: „Das richtet sich nicht gegen Sie, sondern gegen die deutsche Fragestellerei ganz allgemein."

In der DDR war er ein Star, oder eigentlich: der Star; bis er die Resolution gegen die Ausbürgerung von Wolf Biermann unterschrieb. Das war's dann gewesen: Von einem Tag auf den anderen kaltgestellt, keine Platten mehr, keine Filme, in den Konzerten nur ausgewähltes Publikum, das keine Hand rührte: Ein Künstler ohne Zuhörer. Das hält der dickste Schädel nicht aus, und so war es ja wohl auch gemeint. Manfred Krugs Ausreiseantrag wurde stattgegeben.

Acht Jahre ist das jetzt her. Inzwischen hat er das Thema gründlich satt: „Den Journalisten wäre es lieb, wenn ich immer der große Vergleicher zwischen Ost und West bliebe", knurrt er; „hab ich aber keine Lust zu."

Es ist mehr als Unlust. Es hat sich einiges verändert in seinem Verhältnis zu dem Land, auf das er einmal gehofft hat, in dem er einmal zu Hause war. Manfred Krug ist in der schwierigen Lage, erklären zu müssen, daß er zwar aus politischen Gründen die DDR verlassen hat, und er zögert nicht, mit trockenem Spott hinzuzusetzen, daß er „diese Sorte von Sozialismus" für die langweiligste Gesellschaftsform dieser Welt hält. Daß er aber durchaus nicht der Meinung ist, daß der Westen gut und der Osten böse sei; und wenn wir mal auf die Rüstung zu sprechen kommen (was er sehr viel bereitwilliger tut, als dusselige Fragen nach U- und E-Kunst zu beantworten), dann erklärt er offen,

174

daß er gegen Raketen ist, gegen alle Raketen; und daß er im Moment – leider, sagt er und taucht aus seiner sarkastischen Distanz unvermittelt auf in persönliche Betroffenheit – daß er im Moment den Eindruck hat, daß das Interesse, noch mehr zu rüsten, auf der westlichen Seite höher zu sein scheine als auf der östlichen. Sagt der Dissident Krug.

Beim Thema Frieden fällt ihm Duisburg ein. Mit 14 hat er die Stadt verlassen, und das heißt: entscheidende Jahre hat er hier verbracht. Auch Kriegsjahre. „Im Keller in der Schweizer Straße 1 hat meine Großmutter auf den Knien gelegen und schreiend gebetet, daß uns allen keine Bombe auf den Kopf fallen möge." Aus dieser Zeit, sagt er ohne die gewohnte Heftigkeit, datiert seine Friedensliebe.

Was ihn geprägt hat – das Leben in dieser Stadt oder in dieser Zeit: Wer wollte das auseinanderhalten? Er liebt Duisburg nicht – Manfred Krug liebt keine Städte, außer, vielleicht, Berlin – und in seiner Erinnerung lebt neben den Bildern einer eher langweiligen Ruhr-Idylle auch das einer brutalen, spannungsvollen Gesellschaftsordnung: „Da, wo ich wohnte, waren 1949 die Klassengegensätze noch sehr stark. Besonders dadurch, daß ich aufs Gymnasium ging."

Großverdienerskinder, sagt er, die Väter Offiziere, und privat Kaffeeröster oder Puddingpulverfabrikant: „Die haben so ein armes Schwein wie mich ganz schön spüren lassen, woher ich kam." Manfred Krugs Vater war Eisenhütten-Ingenieur – aber meinen Einwand wischt er beiseite: „In Duisburg war ich nicht der Sohn eines Ingenieurs, da war ich der Enkel einer Waschfrau. Hilfsschneiderin war meine Großmutter auch noch." Das muß als Erklärung genügen. Dazu nur noch dies: Die Großmutter hat er geliebt, sagt er, und wieder spüre ich, wie das ewig gesträubte Nackenhaar sich leise glättet.

Nach der Scheidung nimmt der Vater ihn mit nach Leipzig, 1951. Natürlich wehrt er sich, und das heißt: Er haut ab. Immer wieder, im Zug, per Anhalter, sogar mit dem Fahrrad; zur Oma nach Duisburg. Die Fürsorge ist dem 14jährigen unermüdlich auf den Fersen, auf elf verschiedene Schulen wird er geschickt, aber das juckt ihn nicht. Hat sich damals schon etwas von diesem harten Schädel gezeigt, der später zum Krach mit den diversen Oberen geführt hat? Zum Beispiel zum Rausschmiß von der DDR-Schauspielschule?

„Damals fing das an mit diesem Seid-bereit-Gefühl", sagt er abschätzig, „dieses einer – für – alle undsoweiter; Parteilichkeit, Marxismus-Leninismus. Diese ganze Tour, die Leute irgendwie grade zu kriegen, ihnen paar Knorpel zu brechen. Verfing bei mir aber nich; also flog ich raus."

Ein winziges Zögern, und mit leiser Schärfe setzt er hinzu: „Man kann das natürlich auch ganz anders schildern, ja? Man könnte auch sagen, dieser Schüler kam als einziger nicht aus einem elitären, künstlerisch vorgebildeten Elternhaus; der kam aus der Schwerarbei-ter-Produktion, nämlich aus dem Stahl-Walzwerk Brandenburg, wo er in frühester Jugend schon im Dreischicht-System schwer geschuftet hatte, und hatte ein ganz anderes Selbstvertrauen – er hatte eigentlich das Selbstvertrauen, das wir uns immer gewünscht haben von den Ar-beitern, seit 100 Jahren schon; aber als er an unsere Schule kam, da war's uns dann doch en Schlag zuviel. So könnte man das auch wiedergeben." Nein, eigentlich klingt es nicht böse, was er da sagt. Es klingt eher traurig.

Er flog raus, aber er gab nicht klein bei. Manfred Krug wurde Eleve an Brechts Berliner Ensemble. Gelernt? Naja, knurrt er friedlich. Er sei doch damals ziemlich dämlich gewesen. Hätte gar nicht verstanden, welch ein Privileg er da genoß: „Ich war ja nur ein kleiner Furzeknoten und hab ein bißchen zugeguckt."

Er träumt nicht. Oder vielleicht doch, aber seine Träume stehen mit beiden Beinen fest in der Wirklichkeit. Er hat eine Frau und drei Kinder und ein paar Bedürfnisse hat er auch – also wird er nicht die Daumen drehen und auf die großen anspruchsvollen Rollen warten, nicht wahr? Mit seinen Platten hat er im Westen nicht so viel Erfolg, daß es sich lohnen würde – na gut, singt er eben nicht mehr. Ein Krimi, für den er sich zu schade wäre? Ach was. Eine Rolle, die er gerne mal spielen möchte? Na, da kann er ja nur müde feixen. Was denn, den Glöckner von Notre Dame vielleicht? Und sich eine neue künstlerische Per-spektive ausdenken? Ha! 12 Jahre vor der Rente doch nicht! Wenn er die durch hat, wird er Beete umgraben, zum Beispiel, da hat er nämlich auch Lust zu. Sonst noch Fragen?

Nein. Keine Fragen mehr. Wir zahlen unsern Kaffee und schlendern die Straße runter, reden noch so dies und das, bis er abbiegt in sein Viertel. Als ich ihm die Hand gebe, denke ich: Komisch. Irgendwie verbindlich ist der Mann ja nicht. Und trotzdem – trotzdem finde ich es verdammt schade, daß er nicht in Duisburg wohnt; oder sonstwo um die Ecke – grade so weit, daß man ab und zu ein Bier zusammen trinken könnte.

Die
bösen Frauen
haben immer schwarze Haare

Rosemarie Schmitz-Busz – eine Trivialautorin
mit Hang zur 'gebremsten Parodie'

Bis morgens um zwei hab ich geweint. Ich hatte die Tränen-
schwemme fest versprechen müssen, sonst hätte mir Rosemarie Schmitz-
Busz nicht ihren Roman in die Tasche gepackt: „Vater hat nie Zeit für
mich" – eine hinreißende Schicksalssymphonie. Die Autorin selbst,
schwankend zwischen aufrichtiger Begeisterung für den Sieg des Guten
und ironischer Koketterie, was ihren Hang zum Kitsch angeht, hatte
prophezeit: „Wenn Sie das erst gelesen haben, wollen Sie bestimmt
nicht mehr mit mir sprechen."

Am anderen Tag stellt sich dann heraus, daß sie die faszinierende
Wirkung genau kennt, die Andererleuts Liebeslust und -leid beim Leser
zu wecken vermögen. Denn Frau Schmitz-Busz ist ein Phänomen: Zwar
führt sie mit Lust die Liebespaare durch alle Widrigkeiten, die das Leben
vor den rettenden Traualtar getürmt hat. Aber gleichzeitig weiß sie alles
über den Trivialroman, was kritische Deutschlehrer ihren Schülern
einbleuen. Und drittens verfaßt sie auch noch Geschichten gegen die
Nachrüstung, Gedichte zum Umweltschutz, satirische Kurzhörspiele.
Eine Frau zum Wundern.

Rosemarie und Wolfdieter Schmitz-Busz im Wohnzimmer ihrer
Altbauvilla – das ist just die heile Welt, die sie beschreibt. Eine Frau, die
nach 29 Jahren Ehe in ehrlicher Freude ruft: Wie schön, daß du schon
kommst! Ein Mann, der freudig jedes banale Zeilchen liest, das die Frau
zu Papier bringt. Ein Ehepaar, das sich die Pointen zuwirft, wenn es
darum geht, eine Geschichte witzig zu zelebrieren.

Eine wichtige Persönlichkeit in der Familie ist Geli. Man spricht mit
einer gewissen Hochachtung von dem kleinen Mädchen, dessen trau-
riges Geschick den ersten „Florentine"-Roman füllte, damals vor zehn
Jahren. Aber Geli hat auch als Veröffentlichung ein bewegtes Schicksal
hinter sich. Angefangen hatte es mit einem Buch: „Was Theoretisches",
sagt Rosemarie Schmitz-Busz, „ich hab' mal zufällig was gelesen über
Frauenromane." Damals war sie vor allem Hausfrau, mit einer Neigung
zur Unterhaltungsliteratur und einer Schublade voll unveröffentlichter
Gedichte allerdings. Mit diesen Gedichten wußte sie nicht so recht,

wohin; mit ihrer hemmungslosen Schreiblust auch nicht. Da kam ihr das Buch gerade recht, vor allem der Schlußsatz gefiel ihr: „Wer ein bißchen Erzähltalent hat und eine Schreibmaschine, kann sich mit Trivialromanen ein Taschengeld verdienen." Das war's: „Da hab ich gedacht, ich glaub', ich kann das."

Daß sie furchtlos einen Verlag um einen Vertrag anging, völlig unerfahren, wie sie war, wundert bei dieser Frau noch am wenigsten. Die umgehende Aufforderung: „Machen Sie uns mal ein Kinderschicksal. 240.000 Anschläge, 160 Maschinenseiten!" versetzte sie in einen Schaffensrausch. Zwar erwies sich das Ringen um die tränenträchtige Formulierung als zäh; drei Jahre lang schlug sie sich mit der bösen Stiefmutter herum, bis sie endlich ihr Waisenkind in den Schoß einer liebevollen Familie geführt hatte, immer nach dem Motto des Frauenromans: durch Leid zum Glück. Aber als dann der Verlag bemängelte, daß zu wenig Mutterglück vorkäme, da wurde sie einfach wütend: „Ich weiß gar nicht, was die wollten, da war so viel Mutterglück drin, das hörte gar nicht mehr auf." Sie versuchte es bei einem zweiten Verlag, und diesmal ging die Rechnung auf. „Hach, was war ich da glücklich, weißt du noch?" Verständnisvoll nickt der Ehemann. Durch Leid zum Glück.

Ja, sicher ist das Kitsch, sagt die quirlige Frau ungeniert, aber Kitsch hin, Kitsch her, die Romänchen, die sie in zwei, drei Monaten runterschreibt wie in Trance („Ich lese hinterher voll Spannung, was ich da geschrieben habe") sind ihr wichtig. In schöner Unbefangenheit hat sie einen Heidenspaß daran, anderer Leute Leben erst ver- und dann zu entwickeln und vor allem daran, daß sie am Ende im richtigen Augenblick den Retter schicken darf, der alles, alles zum Guten wendet: „Ich find' das wundervoll", sagt sie treuherzig, „immer geht es gut aus. So richtig, wie man sich das wünscht."

Gesellschaftskritische Einwände läßt sie sich einfach nicht gefallen. Dann, meint sie, müßte man auch mehr als die Hälfte vom Fernsehprogramm streichen. Daß gut 20 Prozent der Bundesbürger, alte und junge, mindestens einmal im Monat so ein Romänchen lesen, ist ihr Argument genug, und das Wort „Trostfunktion" nimmt sich in ihrem Mund höchst friedfertig aus. Ach was, Verdummung, „das liest man in einer Stunde und hat es dann vergessen. Das kann gar nicht gefährlich sein. Und außerdem – man kann nicht ununterbrochen entsetzt sein über Raketen und Arbeitslosigkeit, man muß auch mal abschalten."

Probleme mit ihrer Umgebung kennt sie nicht. Auch Wolfdieter Schmitz-Busz, Regierungsdirektor bei der Finanzverwaltung, steuert bereitwillig bei, daß seine Kollegen sich gern nach den literarischen Purzelbäumen seiner Frau erkundigen. „Und in unserer Bekanntschaft machen alle wunderbar mit, die fragen, wie weit bist du oder liefern mir Namen." Nur einmal ist sie richtig angegiftet worden, vom Deutsch-

lehrer ihres Sohnes. Aber das berührt sie nicht weiter.

Elf Heftchen hat sie im Laufe der Jahre verfaßt, mal als Wera Orloff, mal als Bettina Clausen. Die Pseudonyme stammen vom Verlag, sie gehören zu dem Spiel, das sie mitspielt, dessen Regeln sie nicht in Frage stellt, sondern mit kaum gebremstem Spott kommentiert: daß die Guten schlicht und schön heißen und die Bösen klangvoll und dräuend; Gregor Tellmohr zum Beispiel, oder Nadja Tilder – „das klingt doch schon böse, oder?" Nur daß die edlen Frauen blond und die bösen schwarzhaarig, hat die Frau mit dem dunklen Prinz-Eisenherz-Schnitt immer gewurmt, da hat sie einem Verlag einfach mal eine schwarze Gute untergejubelt. Die Revolution gelang. Andere Klischees sind nicht so leicht zu umgehen; daß der Weg der Frau immer zum Mann geht, bleibt ehernes Gesetz. Ein anderes Gesetz liefert die eigene Familie: Kaltblütig darf jede Rivalin aus dem Weg geräumt werden, die jungem Glück allzu penetrant im Wege stehen – „nur eins darf ich nicht: Zugunglücke." Eisenbahn-Fan Wolfdieter Schmitz-Busz nickt zufrieden. Er darf nicht vergrätzt werden, zu oft ist seine Hilfe als Jurist nötig, wenn Rosemarie verzwickte Erbschaftsgeschichten bastelt oder ein Held aus unverschuldeter Haft geholt werden muß.

Ein bißchen nachdenklich berichtet die Autorin von ihren Kollegen aus der Literaturwerkstatt in der Volkshochschule, in der sie sich mit großer Energie engagiert. Bei denen, sagt sie, weiß sie nicht hundertprozentig, was sie denken. Schon möglich, daß da mancher das Dichten für Geld für anrüchig hält: „Aber verdienen Sie mal was mit Gedichten." Und ums Geldverdienen geht es ihr eben auch, da ist sie ganz offen: Finanziell unabhängiger zu sein, war ihr wichtig. Kichernd erzählt sie, was sie mit den Mäusen macht: „Ich hab' damals eine Kassette gekriegt, von einem Fernsehfilm, in dem ich zu sehen war, als Autorin von so Romanen, und etwas Honorar für die Mitwirkung hab' ich natürlich auch bekommen. Aber bei weitem überstiegen hat das der Videorekorder, den ich mir daraufhin kaufen mußte; stellen Sie sich mal vor, da sind Sie 15 Minuten zu sehen und können sich nicht angucken, das bring ich doch nicht über mich."

Andere zum Reden bringen

Zu den „Gesichtern des Reviers"
der Gudrun Kratz-Norbisrath
von Thomas Rother

Früher, sagt sie (so lange kann das nun auch wieder nicht zurückliegen), wäre sie „ganz entsetzlich schüchtern" gewesen. Heute wundere sie sich, daß sie bei „wildfremden Leuten auf die Klingel drücke" und „nach deren privaten Dinge" frage. Selbstbewußt ist sie in der Tat. Doch sie ist eine der stilleren Vertreterinnen ihres Berufes, der landläufig den Ruf einer etwas laueren Gangart hat.

Was ich angenehm empfinde: Gudrun Kratz-Norbisrath drängt sich nicht auf. Vielleicht ist das eines der Geheimnisse dafür, daß andere Menschen vieles von sich preisgeben, wenn sie mit ihnen spricht. Vielleicht ist es aber jene nicht zu lernende und nicht zu lehrende Gabe, im Gespräch eine Atmosphäre zu schaffen, in der der andere annimmt, er könne sich unbesorgt seinem Gesprächspartner anvertrauen. Gudrun Kratz-Norbisrath könnte nicht so viel von anderen Menschen sagen, wenn die den Eindruck gewönnen, ausgehorcht zu werden.

Und was in dieser reizüberfluteten und medienverseuchten Zeit, in der viele versuchen, andere zu übertönen, selten geworden ist: sie kann zuhören. Sicher kommt das ihrer Arbeit zugute, bei der Porträtierung einzelner Menschen auch Tieferliegendes sichtbar zu machen, ohne schmerzhaft zu bohren. Sie bringt es fertig, daß andere sich bereitwillig öffnen.

Die Technik ihrer Interviews ist mehr ein Dialog, ein offenes Gespräch als ein neugieriges Abfragen. Die Neugier auf Menschen ist natürlich da, wichtige Antriebskraft publizistischer Arbeit! Wenn diese Lust auf Zeitgenossen nicht wäre, dann läge nur eine kleine journalistische Soziologie des Ruhrgebiets mit der Absicht vor, ausgefallene Typen und Berufe vorzuzeigen.

Das journalistische Porträt darf nicht den Leser zum Voyeur degradieren. Wenn es gelingt, den beschriebenen Menschen so in Worte zu fassen, daß er auf Papier lebendig wird, und wenn Leser ihn so begreifen, als entdeckten sie auch etwas von sich, dann ist ein gutes Gesicht geschrieben. Wenn in diesem und jenem Falle Leser obendrein empfinden, da werde einer von ihnen porträtiert, ist das erreicht, wonach gute Journalisten streben.

Seit nicht einmal ganz zwei Jahren schreibt die Redakteurin Gudrun Kratz-Norbisrath ihre Porträts von Menschen aus dem Ruhrgebiet. In der Wochenendbeilage der „Westdeutschen Allgemeinen Zeitung" (Essen) haben sie als Serie mit dem Titel „Gesichter des Reviers" auf der zweiten Seite ihren festen Platz. In diesem Band sind 43 von ihnen versammelt. Sie vermitteln einen Eindruck von den Menschen der Region an Emscher und Lippe, an Rhein und Ruhr. Und indem sie von den Menschen berichten, sind sie ein ungemein lebendiger, vor allem lebensnaher Bericht dieser Region. Darin liegt die Leistung der Autorin.

Gudrun Kratz-Norbisrath kommt als Journalistin von der Nachricht. 1977 wechselte sie nach einem Volontariat in der Stadtredaktion Witten der WAZ, wo sie heute auch noch lebt, in die Zentralredaktion. Ihre Liebe zur gründlich recherchierten sowie sauber und verständlich formulierten Nachricht als das notwendige Fleisch der Zeitungsinformation ist geblieben: als Lehrbeauftragte der Universität Dortmund gibt sie ihr Wissen an Studierende weiter. Sie selbst sieht sich immer noch als Lernende und ist froh, wie sie beteuert, wenn ihr etwas erklärt wird. Vielleicht trägt auch diese Wißbegierde zum lebendigen Beschreiben anderer Menschen bei.

Der Erfolg ihrer Zeitungsserie wäre ohne Fleiß und Ehrgeiz nicht möglich. Gewiß hat das etwas mit der Entwicklung der Autorin zu tun. Ihr Ehrgeiz wird von der Furcht angestachelt, etwas falsch machen zu können. Mit fünfzehn glaubte die Tochter einer Arbeiterfamilie aus Hilden erkannt zu haben, das einzige, was sie außer Lesen könne, wäre das Schreiben. Also entschied sie sich, Journalistin zu werden. Als Eltern und Lehrer der Realschülerin sagten, ohne Abitur werde dies nicht gehen, machte sie sich auf den damals noch harten Weg, in einem Aufbaugymnasium das Abitur zu bauen. Das anschließende Germanistik- und Publizistikstudium schloß sie als Magister ab. Anfang der 70er Jahre begann „endlich", wie sie heute mit Stoßseufzer sagt, ihre Schreibarbeit als Journalistin.

Wäre dies eines von den „Gesichtern des Reviers", sollte von ihrem ordentlichen Schreibtisch berichtet werden – etwas Pedantisches ließe sich darin sehen. Auch der Terminplan an der Wand mit den Zeiten der Interviews und deren Erscheinungsdaten nährt diesen Verdacht. An die Tapete sind zwei Seiten Lateinisches gepinnt: Das Märchen vom Rumpelstilzchen in Latein – Geschenk einer von ihr beschriebenen Märchenforscherin.

Auch von Leo müßte berichtet werden, rothaarig und eifersüchtig auf John Steinbeck. Die alte Liebe zu Steinbeck hat Gudrun Kratz-Nobisrath wieder aufgewärmt. Doch Leo legt sich quer, legt sich auf dessen Bücher, er will sich nicht vertreiben lassen – wie Kater nun einmal sind. Er soll manchmal grüne Augen haben wie seine Besitzerin.

Alles paletti?
Die Wissenschaftler haben nicht
herausgefunden, woher, wieso und warum

eigentlich. „Alles paletti"
war irgendwann da
und blieb.
„Alles paletti" hat alles:
Saft und Kraft, Witz
und Vertraulichkeit;
ist volkstümlich,
ja verschmitzt,
hat auch die kleine,
doch ernstgemeinte Skepsis,
die jedem Schalk im Nacken sitzt.
Alles paletti? Gerade das ist die Frage.

Alles paletti
Geschichten aus dem Ruhrgebiet
160 S., 14,– DM

Thomas Rother stellt in der Reihe „R" Autoren aus dem
Ruhrgebiet vor, die – nicht nur, aber auch – über 'ihre' Region
schreiben: das Rhein-Ruhr-Revier. Wenn auch bald keine Zeche
mehr fördert, so behält der „Kohlenpott" doch seine Identität, die
in den Liedern und Reportagen, Geschichten und Gedichten,
Legenden und Märchen der Reihe „R" zum Ausdruck kommt.

ReiheR